T0131823

essentials

essentials liefern aktuelles Wissen in konzentrierter Form. Die Essenz dessen, worauf es als „State-of-the-Art" in der gegenwärtigen Fachdiskussion oder in der Praxis ankommt. *essentials* informieren schnell, unkompliziert und verständlich

- als Einführung in ein aktuelles Thema aus Ihrem Fachgebiet
- als Einstieg in ein für Sie noch unbekanntes Themenfeld
- als Einblick, um zum Thema mitreden zu können

Die Bücher in elektronischer und gedruckter Form bringen das Fachwissen von Springerautor*innen kompakt zur Darstellung. Sie sind besonders für die Nutzung als eBook auf Tablet-PCs, eBook-Readern und Smartphones geeignet. *essentials* sind Wissensbausteine aus den Wirtschafts-, Sozial- und Geisteswissenschaften, aus Technik und Naturwissenschaften sowie aus Medizin, Psychologie und Gesundheitsberufen. Von renommierten Autor*innen aller Springer-Verlagsmarken.

Weitere Bände in der Reihe http://www.springer.com/series/13088

Thorsten Czerwinski

Markenentwicklung und Markenführung für Gründer

Ein kompakter Leitfaden für den erfolgreichen Start im Markt

Thorsten Czerwinski
Bad Endorf, Deutschland

ISSN 2197-6708 ISSN 2197-6716 (electronic)
essentials
ISBN 978-3-658-35504-3 ISBN 978-3-658-35505-0 (eBook)
https://doi.org/10.1007/978-3-658-35505-0

Die Deutsche Nationalbibliothek verzeichnet diese Publikation in der Deutschen Nationalbibliografie; detaillierte bibliografische Daten sind im Internet über http://dnb.d-nb.de abrufbar.

Planung/Lektorat: Imke Sander
Springer Gabler ist ein Imprint der eingetragenen Gesellschaft Springer Fachmedien Wiesbaden GmbH und ist ein Teil von Springer Nature.
Die Anschrift der Gesellschaft ist: Abraham-Lincoln-Str. 46, 65189 Wiesbaden, Germany

Was Sie in diesem *essential* finden können

- Grundlegende Begriffe und Funktionsweisen rund um das Thema Marke
- Erläuterungen, was bei der Markenentwicklung und -führung zu beachten ist
- Konkrete Tipps und Praxisbeispiele anderer Marken

Vorwort

Eine Marke ist, was Menschen über ein Unternehmen, ein Produkt, einen Service denken und empfinden. Erfolgsentscheidend für Unternehmen ist das Erlebnis mit der Marke und die emotionale Bindung zur Marke, die sich daraus entwickeln kann.

Markenführung beschreibt den logisch-stringenten Prozess von der Ist-Position zur Soll-Position. Und durchläuft dabei folgende Schritte, die sich sukzessive wiederholen und ggf. angepasst werden müssen:

- Eruieren, was die Erfolgs- und Misserfolgsfaktoren der Marke aus Marktsicht im Konkurrenzvergleich sind.
- Festlegen der Soll-Position im Sinne einer Markenidentität sowie der strukturellen Markenziele wie Marktanteil, Markenstärke und Bekanntheit – eng verzahnt mit der unternehmerischen Vision und den finanziellen Zielen des Unternehmens.
- Führen der Marke mittels einer Markenstrategie, von der Ausgangssituation in die Zielsituation.
- Messen, ob die Markenziele erreicht wurden und nötigenfalls Korrekturmaßnahmen durchführen.

Markenführung ist ein Prozess von innen nach außen. D. h., die Marke muss nach innen so gelebt werden, wie sie nach außen auftreten soll, um glaubhaft sein zu können. Damit hat die Markenführung Einfluss auf sämtliche Bereiche eines Unternehmens: von F&E über Produktion und Einkauf bis zu Marketing und Personal. Sogar den Bereich Finanzen betrifft sie.

Eine Marke hilft Gründern, richtig durchzustarten, wenn sie diese von Anfang an zur Unternehmensführung einsetzen. Die besondere Herausforderung für Start-ups liegt darin, eine neue Marke quasi „aus dem Nichts" heraus zu kreieren.

Ihr Unternehmen ist neu, ihr Produkt ist neu, Sie sind neu. Niemand kennt Sie im Markt, weder Ihre Kunden noch potenzielle Partner oder Lieferanten. Sie haben doch eigentlich ganz andere Dinge zu tun, oder? Ihr Produkt befindet sich in der finalen Entwicklungsphase, kurz vor der Marktreife. Ihr Unternehmen braucht Strukturen und Sie müssen sich darum kümmern, wie Sie Ihr Produkt ‚an den Mann bringen' wollen. Und dann auch noch das leidige Thema Marke, dabei geht es Ihnen doch um Performance. Stimmt's?

Eine Marke entwickelt sich nicht einfach nebenbei. Nicht wenige Start-ups fühlen sich überfordert und würden eine erfahrene Branding-Agentur beauftragen, die allerdings gerade in der Startphase zu teuer ist. Auf das Thema Marke wird anfangs verzichtet, auch, weil sie vordergründig keine Einnahmequelle darstellt. Dabei ist die Definition einer echten Marke etwas, was man nicht mit Geld kaufen kann.

Dieses Buch ist ein Ratgeber, der sich in erster Linie an Gründer und Start-up-Unternehmer richtet, die sich in der oben beschriebenen Ausführung wiederfinden – also vermutlich fast alle.

Dieser Ratgeber soll für Sie ein Begleiter sein, in dem Sie zu bestimmten Markenthemen nachlesen können. Er gibt Ihnen konkrete Hilfestellungen, erläutert Ihnen Prozesse und unterstützt Sie dabei, aus Ihrem Start-up eine Marke zu entwickeln.

Das Buch beantwortet Ihnen die Frage, warum es elementar für Sie ist, bereits bei Ihrer Unternehmensgründung das Thema Markenbildung zu berücksichtigen und was es für Sie dabei zu beachten gibt. Es zeigt ebenfalls die Vorteile einer klugen Markenführung auf, z. B. auch in Krisenzeiten, und gibt wertvolle Tipps.

Bad Endorf   Thorsten Czerwinski
2021

Inhaltsverzeichnis

1	**Missverständnis Marke**	1
2	**Markenbildung**	5
	2.1 Schritt 1: Markenidentität	5
	2.2 Schritt 2: Markenkonzept	11
3	**Markenname und Markenlogo**	19
4	**Markenführung**	25
	4.1 Markenführung nach innen	25
	4.2 Die Wahrnehmung der Marke von außen	29
5	**Der Einfluss des Markenmanagements**	45
6	**Markenführung im B2B**	49
7	**Purpose und Nachhaltigkeit**	61
	7.1 Der Nutzen des Purpose für die Marke	61
	7.2 Markenführung mit ökologisch nachhaltigen Produkten	63
	7.3 Nachhaltigkeit durch Leadership und Haltung	66
8	**Markenführung in der Krise**	73
9	**Was einer alleine nicht kann …**	81
	Fazit	85
	Quellen	87

Abkürzungen

AGD   Allianz Deutscher Designer
B2B   Business to Business
B2C   Business to Consumer
D2C   Direct to Consumer
F&E   Forschung und Entwicklung
HBR   Harvard Business Review
KI   Künstliche Intelligenz
KPI   Key-Performance-Indicator (Leistungskennzahl)
Lead Kontakt
MQL   Marketing Qualified Lead
NPO   Non-Profit-Organisation
P2P   People to People
PR   Public Relations
ROI   Return on Involvement
SEA   Search Engine Advertising (Suchmaschinenwerbung)
SEO   Search Engine Optimization (Suchmaschinenoptimierung)
SQL   Sales Qualified Lead
USP   Unique Selling Proposition (das einzigartige Versprechen)

Missverständnis Marke

Eine Marke ist, was Menschen über ein Unternehmen, ein Produkt oder einen Service denken und empfinden. Es geht um das Erlebnis. Es geht um Emotionen. Emotionen bei den potenziellen Kunden zu wecken ist der Schlüssel für erfolgreiche Marketingkampagnen. Denn nur so kann es eine Marke schaffen, bis ins Unterbewusstsein der Menschen vorzudringen, sich dort ihr eigenes Terrain zu erobern und langfristig abgespeichert zu werden. Damit sich die Zielgruppe bei einem ganz bestimmten Bedarf genau an diese Marke wieder erinnert. Jedoch: Auf dem Weg dahin gilt es, einige Missverständnisse und falsche Herangehensweisen zu beseitigen.

Das erste Missverständnis: Ein gutes Logo reicht
Der Großteil der Unternehmensentscheider hält Markenaufbau, -entwicklung und -führung für eine gute Möglichkeit, um sich von Wettbewerbern zu differenzieren. Von diesem Großteil hört der Markenaufbau für die meisten Markenverantwortlichen jedoch nach der Logoentwicklung schon wieder auf. Das ist ein Fehler und das erste Missverständnis. Oft ist die Überraschung groß, dass die Differenzierung vom Wettbewerb nicht so richtig funktioniert.

Das zweite Missverständnis: Vernachlässigung der Identität
Eine Marke entsteht aus einer Vision. Aus dieser entsteht eine Geschäftsidee, die klar in Ziele, Strategien, Maßnahmen und KPIs umgesetzt wird. Bevor mit dem Aufbau einer Marke begonnen werden kann, müssen Sie sich als Gründer im Klaren sein, was eine Marke für Ihr Unternehmen überhaupt ist.
Eine Marke braucht eine Identität. Denn Identität ist die Grundlage für Individualität. Das ist nicht anders als bei uns Menschen. Jeder von uns ist einzigartig und ganz individuell, weil er seine eigene Identität hat, in der sein Wesen, sein Charakter und

© Der/die Autor(en), exklusiv lizenziert durch Springer Fachmedien Wiesbaden GmbH, ein Teil von Springer Nature 2021
T. Czerwinski, *Markenentwicklung und Markenführung für Gründer,*
essentials, https://doi.org/10.1007/978-3-658-35505-0_1

seine Persönlichkeit stecken. Bei einer Marke entsteht die Identität aus ihrem Markenkern und dessen Übersetzung durch die Markenwerte („Woran glauben wir?"). Hierin steckt das nächste Missverständnis, denn viele Unternehmensentscheider bedenken diesen Punkt überhaupt nicht, oder sie priorisieren andere Aufgaben.

Das dritte Missverständnis: Zu viele Markenwerte
Ein Teil der Unternehmensentscheider geht den nächsten Schritt und versucht Markenwerte zu formulieren. Oftmals bleibt es bei generischen Begriffen, wie „partnerschaftlich" und „innovativ". Auch damit wird die Chance verpasst, sich wirklich zu differenzieren.

Andere übertreiben es wiederum, indem Sie ihrer Marke zehn und mehr Werte zuordnen, ohne dabei zu fokussieren, zuzuspitzen und die Werte zu identifizieren, mit denen sich ihre Marke wirklich differenzieren könnte. Sie missverstehen, dass mehr hier nicht besser oder differenzierender bedeutet, sondern ungenauer und verwässernder.

Das vierte Missverständnis: Keinen wirklichen Sinn identifizieren
Eine Marke braucht immer einen Zweck, oder, wie es heute so oft heißt, einen Purpose. Warum macht ein Unternehmen das, was es macht? Was treibt ein Unternehmen an? Welcher Sinn liegt darin? Wer einen Sinn in etwas sieht, geht zielgerichtet und unbeirrbar vor. Er sieht seinen Weg und ist fokussiert darauf.

Natürlich strebt fast jedes Unternehmen danach, seinen Gewinn zu maximieren, indem es einen ganz bestimmten Bedarf deckt. Wichtiger ist aber, eine Lösung für ein bestehendes Problem oder eine bestehende Lücke anzubieten. Darin liegt der Zweck oder Purpose. Hier liegt das nächste Missverständnis in Bezug auf die Marke und ihren Aufbau.

Das fünfte Missverständnis: Innere Markenführung vernachlässigen
Eine Menge Unternehmen achten nur auf die Außenwirkung, ohne zu verstehen, dass Markenführung intern beginnen muss. Nur wenn die Mitarbeiter die Markenidentität verstehen, akzeptieren und sich mit dieser identifizieren (können), werden sie die Marke den Markenwerten entsprechend nach innen leben und dann auch nach außen vertreten. Die Unternehmensentscheider übersehen die Wichtigkeit der Mitarbeiter im Konstrukt der Marke.

Das letzte Missverständnis: Marketing ohne Markenstrategie
Das letzte Missverständnis in dieser Aufzählung betrifft viele Start-ups und liegt darin, Marke als hübsches Marketing-Add-On misszuverstehen. Sie können die Kraft ihrer Marke anfangs oft noch nicht richtig einordnen und verlieren sich zu

schnell im Marketing, in Marketingstrategien und deren Umsetzung, ohne dabei die Marke als einzelnes Konstrukt und deren Bestandteile zu sehen. Das Marketing wird durch das Markenmanagement beeinflusst, die Marke ist aber nicht Teil des Marketings.

Markenbildung

2

2.1 Schritt 1: Markenidentität

Starten wir also von vorne: Am Anfang war die Vision. Ihre Vision. Ihre Vision in Kombination mit Ihrem Können, also Ihrer Kernkompetenz, gilt es zu einer Geschäftsidee zu schärfen. Aus dieser können Sie dann eine Marke entwickeln. Die Marke erhält eine Identität. In diese fließen Ihre Werte. Zusammen mit Ihrem Markenkonzept, in dem Sie Ihre Ziele, Ihre Strategie sowie die nötigen Marketinghilfsmittel definieren (detailliert in Kap. 3), bildet Ihre Markenidentität die Grundlage für die spätere Markenpositionierung.

Der Markenexperte Christian Vatter (Vatter 2012) drückt es so aus: „Bei der Markenbildung geht es vor allem um die Identität und die Idee, die sich hinter einem Unternehmen, seinen Gründern, seinen Produkten verbirgt. Wer es schafft, diese Idee zu schärfen und für alle wahrnehmbar zu machen, der schafft es, bei seiner Zielgruppe zu einem Begriff zu werden – und wird damit nachhaltig zu einer Marke."

Was bedeutet Identität?

Wenn wir von der Identität eines Menschen sprechen, meinen wir einerseits das, was einen Menschen im Kern ausmacht. Und andererseits das, was jeden Menschen zu einer einzigartigen Persönlichkeit macht, die sich von allen anderen Menschen unterscheidet und die es genau einmal gibt. Identität ist also die Voraussetzung für Individualität. Und sie befindet sich lebenslang in Entwicklung und Veränderung.

Der Sozialpsychologe Professor Heiner Keupp sagt: „Identität läßt sich als die Antwort auf die Frage verstehen, wer man selbst oder wer jemand anderer sei." (Keupp 1997).

© Der/die Autor(en), exklusiv lizenziert durch Springer Fachmedien Wiesbaden GmbH, ein Teil von Springer Nature 2021
T. Czerwinski, *Markenentwicklung und Markenführung für Gründer,* essentials, https://doi.org/10.1007/978-3-658-35505-0_2

Keupp sagt weiter, der Philosoph Sokrates beschrieb den Begriff der Identität wie folgt: „… auch jedes einzelne lebende Wesen wird, solange es lebt, als dasselbe angesehen und bezeichnet: z. B. ein Mensch gilt von Kindesbeinen an bis in sein Alter als der gleiche. Aber obgleich er denselben Namen führt, bleibt er doch niemals in sich selbst gleich, sondern einerseits erneuert er sich immer, andererseits verliert er anderes: an Haaren, Fleisch, Knochen, Blut und seinem ganzen körperlichen Organismus. Und das gilt nicht nur vom Leibe, sondern ebenso von der Seele: Charakterzüge, Gewohnheiten, Meinungen, Begierden, Freuden und Leiden, Befürchtungen: alles das bleibt sich in jedem einzelnen niemals gleich, sondern das eine entsteht, das andere vergeht." (Keupp 1997).

Wie lässt sich der Begriff der Identität auf eine Marke übertragen?
Markenidentität ist das Selbstbild einer Marke. Sie wird beeinflusst durch die Herkunft und die Vision, aus der eine Geschäftsidee entstanden ist. Sie beschreibt den Kern einer Marke aus der Sicht des Markeninhabers und ist die Ansammlung aller Markenelemente und -eigenschaften, die ein Unternehmen erschafft, um beim Kunden das richtige Image von sich zu erzeugen (vgl. dazu Abb. 2.1).

Aus Sicht Ihres Unternehmens versteht man darunter alle Wesensmerkmale, die Ihr Unternehmen unverwechselbar und einzigartig machen und es klar von den anderen Unternehmen unterscheiden.

Bezogen auf Ihr Produkt oder Ihre Dienstleistung, sind es die besonderen Merkmale, die es von der Gesamtheit aller gleichartigen und ähnlichen Produkte abheben.

Die Marke ist Ihr Alleinstellungsmerkmal. Sie ist Ihr USP. Das gilt für Ihr Produkt genauso wie für Ihr Unternehmen, und findet sich im Logo, Markennamen und Claim wieder, und es prägt die Person(en) hinter der Marke.

Die Identität einer Marke bildet die Grundlage für das spätere einzigartige Markenerlebnis mit selbiger. Auf die Markenidentität setzt die Markenpositionierung auf, über die Sie sich ein bestimmtes Terrain im Unterbewusstsein Ihrer Zielgruppe sichern – denken Sie an einen Western, in dem Sie Viehzüchter sind und Ihr Land mit einem Zaun abstecken, um den anderen klar zu machen: Das hier ist mein Eigentum.

Von der Markenpositionierung werden dann die Marketingaktivitäten abgeleitet, die Markenbekanntheit erzeugen und daraus folgend die Wahrnehmung der Marke innerhalb der Zielgruppe prägen sollen. Die Summe dieser Marketingaktivitäten bezeichnet man als Branding.

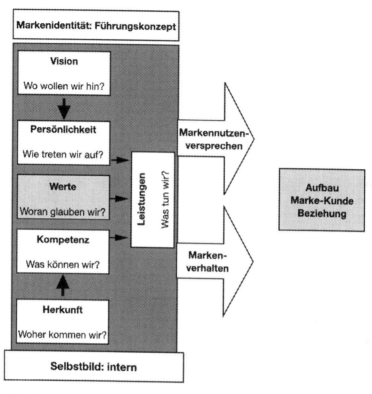

Abb. 2.1 Identitätsbasiertes Markenmanagement. (Quelle: In Anlehnung an Wirtschafts-lexikon Springer Gabler, https://wirtschaftslexikon.gabler.de/definition/identitaetsbasiertes-markenmanagement-33424)

Marke vs. Markenidentität vs. Branding
Im Internet habe ich ein schönes Beispiel gefunden, das den Zusammenhang zwischen Marke, Markenidentität und Branding sehr plastisch erklärt und dabei zufällig genau auf meinen Sohn passt (ich habe es daher entsprechend an ihn angepasst):
Mein Sohn ist Schüler der 8. Klasse, ein typischer Vorpubertierender, der gerne als cool wahrgenommen werden möchte. Nun kann er die anderen aber nicht dazu zwingen, dieses Bild von ihm zu haben. Um seine ‚Marke' zu entwickeln, bedarf es also Arbeit.

Zunächst braucht er eine eigene Markenidentität, die ihn unverwechselbar macht. Bei meinem Sohn waren das ein moderner Haarschnitt, seine stylischen „military jogging pants" und natürlich Jordans, für die er extra gespart hat. Zudem hat er seine Fußballkarriere beendet und ist zum cooleren Basketball gewechselt. Fußball spielt schließlich jeder.

Die neue Markenidentität gilt es dann zu stützen und nach außen zu tragen. Also wird mein Sohn bei Instagram und TikTok aktiv, ist immer up-to-date, wenn es um Social-Media-Trends, Musik und Sport geht. Und im Basketball arbeitet er jeden Tag an seiner Ballfertigkeit. Dazu stärkt er seine schulischen Kompetenzen in den Fächern IT und Geografie: Er wird nicht zum Streber, sondern zum Leader in den Fächern, von dem die anderen profitieren. Alle diese Maßnahmen bilden sein Branding und unterstützen die Entwicklung seines gewünschten Images.

Auf Ihr Unternehmen übertragen heißt das: Ihre Markenidentität ist das, was Sie für Ihre Kunden unverwechselbar und sofort wiedererkennbar macht.

Ihre Markenidentität bildet die Grundlage dafür, wie Ihre Kunden Ihre Marke wahrnehmen und welchen Nutzen sie mit ihr und Ihrem Produkt oder Ihrer Dienstleistung assoziieren. Die Erwartungen von und das Erlebnis mit der Marke beeinflussen die Verbindung zwischen Ihrer Marke und Ihren Kunden, Kundenvertrauen baut sich auf und daraus resultierend Kundentreue.

Aber: Wenn es nur darum geht, nach außen Markenbekanntheit und ein Markenimage bei den (potenziellen) Kunden zu entwickeln, wird das nicht klappen. Denn eine Markenidentität kommt von innen, wird von innen gelebt, erhält von innen eine eigene Markenpersönlichkeit. Sie ist das Selbstbild der Marke.

Nur, wenn die Mitarbeiter frühzeitig in alle Markenprozesse eingebunden werden, werden sie die Identität der Marke verstehen, akzeptieren und nach außen so leben, dass die Kunden das angestrebte und versprochene Markenerlebnis spüren können. Und nur dann kann eine langfristige Kunde-Marke-Beziehung entstehen, die so positiv aufgeladen ist, dass sie Einflüssen von außen trotzt.

In allen Fragen, die die Marke betreffen, gilt es also, Ihre Mitarbeiter frühzeitig einzubinden, zum Beispiel über Workshops, in denen das Thema umfassend erläutert und diskutiert wird, in dem Fragen gestellt und Bedenken geäußert werden können. Zudem sollte konstruktive Kritik kommuniziert werden dürfen, die von den Vorgesetzten ebenso konstruktiv behandelt werden sollte. Das hilft, die Akzeptanz bei den Mitarbeitern eines Unternehmens zu steigern und die Markenidentität begreifbar zu machen. Denn nur, wenn die Mitarbeiter die Markenidentität verstehen, können sie sich mit dieser identifizieren, diese leben und am Ende positiv nach außen, gegenüber den Kunden vertreten.

Wie entwickelt man seine Markenidentität?

Die Markenidentität nimmt maßgeblichen Einfluss auf die Stärke, die Bekanntheit und Beliebtheit (das Image) einer Marke. Sie bestimmt die Auswirkung auf die Zielgruppe und wird entsprechend auf die Bedürfnisse der favorisierten Kundengruppe abgestimmt. Sie ist der erste Schritt in der Markenbildung. Zusammen mit dem Markenkonzept, aus dem die Markenstrategie entsteht, bildet sie die Grundlage für die Markenpositionierung, die die Markenidentität in Richtung Zielgruppe fokussiert. Sie entsteht im Kopf und im Herzen der Gründer – also bei Ihnen selbst.

Kunden möchten, dass eine Marke über die reine Identifikation hinaus erlebbar wird. Die Bedeutung der Markenidentität lässt sich am besten am Beispiel der Marke BMW erläutern, ein oft angeführtes Beispiel – jedoch aus guten Gründen: Die Marke BMW steht wie keine andere für „Freude am Fahren", übersetzt durch eben diesen Claim und wiederzufinden in sämtlichen Markenaktivitäten, z. B. den Hinterradantrieb, durch den eine sportlichere Fahrweise ermöglicht wird, was die Fahrfreude unterstreichen soll. Ebenso zu finden in den Markenwerten wie dynamisch, herausfordernd und kultiviert (im Sinne von exklusiv und ästhetisch). So wird die Marke und mit ihr ihre Identität für die Kunden nachhaltig erlebbar.

Die Entwicklung der Markenidentität ist eine Frage der Definition

Die Markenidentität setzt sich zusammen aus dem Markenkern und den Markenwerten. Der Markenkern fasst die Kerneigenschaften bzw. -leistungen Ihrer Marke, Ihr Talent, das Markenversprechen, Ihr Alleinstellungsmerkmal bzw. Ihren USP in einfacher Form zusammen. Hier wird gesammelt, was Ihre Marke einzigartig macht.

Der Markenkern ist der Samen, aus dem die Pflanze „Marke" wächst und erblüht. Der Markenkern umfasst das zentrale und ultimative Nutzenversprechen einer Marke – im Beispiel BMW wäre es „Freude (am Fahren)" – gegenüber dem Verbraucher und grenzt die Marke so gegenüber anderen Marken ab. Er ist Ausgangsbasis für alle weiteren Markenaktivitäten. Im Markenkern gebündelt sind verschiedene Werte – die Markenwerte –, für die eine Marke steht und mit denen sie sich eindeutig vom Wettbewerb differenzieren kann.

Deshalb ist es so wichtig, an diesem Punkt innezuhalten, sich Zeit zu nehmen und genau zu überlegen:

- Wer sind wir, was können wir besser, wo sind wir anders, was wollen wir, wo wollen wir hin?
- Welche Markenwerte sind für die Zielgruppe relevant?
- Und welche Markenwerte können wir glaubhaft (authentisch) kommunizieren?

Beispiel BMW

Der BMW-Claim lautet „Freude am Fahren". Er übersetzt den Kern der Marke BMW: Freude. Damit soll ausgedrückt werden, dass jeder, der sich in einen BMW setzt und losfährt, Freude daran haben wird. BMW ist so erfolgreich, weil sein Markenkern auf den Punkt formuliert ist. Und weil die Markenidentität in die Produkte überführt wird. Die Autos werden genau passend dazu konzipiert und gebaut.

Die Markenwerte konkretisieren den Markenkern. Sie übersetzen, woran Ihr Unternehmen glaubt und was es antreibt. Sie

- beantworten, was Sie anders und besser machen als alle anderen
- beschreiben, was Sie besonders macht
- identifizieren, wie Ihre Marke in drei Worten beschrieben werden könnte
- definieren, mit welchen drei Worten Ihre Kunden Sie beschreiben sollen

Im Beispiel BMW wären es die Markenwerte „dynamisch, herausfordernd und kultiviert", die den Markenkern „Freude (am Fahren)" konkretisieren.

Deshalb ist es wichtig, die Markenwerte so genau und so spezifisch wie möglich herauszuarbeiten. Denn je eindeutiger diese sind, desto klarer können Sie Ihre Marke vom Wettbewerb abheben.

Je allgemeiner formuliert, desto belangloser wird Ihre Markenidentität. „Partnerschaftlich" und „innovativ" sollte zum Beispiel jedes Unternehmen sein.

Die Entwicklung der Markenwerte

Nachfolgend mein Vorschlag für den Prozess zur Findung von Markenwerten:

1. **Brainstorming:** Im ersten Schritt werden mögliche Markenwerte gesammelt. Dabei sollte der Kreativität freien Lauf gelassen werden. Markenwerte könnten z. B. sein: Dynamik, Qualität, Effizienz, Investitionssicherheit, Preisleistungsverhältnis, Komfort, Wirtschaftlichkeit, geringer Preis, Ergonomie, Service, Partnerschaft, Convenience, Schnelligkeit…

2. **Relevance Ranking:** Im nächsten Schritt werden die Markenwerte nach ihrer Relevanz für die Zielkunden bewertet (das setzt natürlich voraus, dass Sie Ihre Zielkunden bereits definiert haben und wissen, wer der Adressat für Ihre Markenkommunikation ist). Auf einer beliebigen Skala, bspw. von 1–10, weisen Sie jedem Markenwert einen Kundenrelevanzwert zu.

3. **Performance Ranking:** Als drittes erfolgt eine ähnliche Bewertung, nur mit einer Innenperspektive. Welchen Markenwert können Sie glaubhaft kommunizieren? Die Markenwerte werden hier analog zu Schritt zwei auf gleicher Skalierung bewertet. Dieser Schritt erfordert eine kritische Selbstreflexion und

die Ehrlichkeit zu sich selbst. Um das Ergebnis abzusichern, kann auch eine Kundenumfrage erfolgen, um zu ermitteln, wie das Unternehmen von Kunden gesehen wird.

4. **Concentration:** Im letzten Schritt werden die Ergebnisse in einer Matrix zusammengefasst: unten links die Markenwerte, die für Ihre Kunden nicht relevant sind, die Sie aber auch nicht beherrschen. Oben rechts die relevanten und von Ihnen auch glaubhaft kommunizierbaren Markenwerte.

Ihre Marke hat nun eine Identität: Sie beinhaltet Ihr einzigartiges Markenversprechen, Ihren USP, sowie die Werte, nach denen Ihr Unternehmen lebt, und handelt – nach innen und nach außen. Damit ist der erste Schritt in Richtung Ihrer Marke getan. Im nächsten Schritt geht es darum, Ihre Markenidentität weiter zu konkretisieren und in ein Markenkonzept zu übertragen, aus dem dann Ihre Strategie sowie die Positionierung Ihrer Marke resultieren.

2.2   Schritt 2: Markenkonzept

Marken zählen heute in vielen Unternehmen zum wertvollsten Kapital überhaupt: Die Top-4-Marken 2020 – Amazon, Apple, Microsoft und Google – erreichten einen Markenwert zwischen 323 Mrd. und 416 Mrd. US-Dollar. Sie sind zunehmend (mit-)entscheidend für den Markterfolg. Denn je stärker eine Marke ist, je relevanter sie im Markt und damit für die Zielgruppe(n) ist, desto mehr wird diese Marke nachgefragt und anderen Marken vorgezogen. Die Marke gewinnt sukzessive an Wert und baut ihre Position im Markt aus. Und sie wird spannend für andere Unternehmen. Schöne Beispiele sind die Marken Instagram und WhatsApp, die beide von Facebook für mehrere Mrd. Dollar übernommen wurden.

In diesem Abschnitt wird der zweite Schritt auf Ihrem Weg zur Markenbildung beschrieben. Es wird erläutert, was Sie beachten sollten, damit Sie am Ende des Weges wirklich Ihre Marke entwickelt haben: von der Situationsanalyse und dem daraus resultierenden Markenkonzept bis zur Markenpositionierung.

Situationsanalyse

Ihren weiteren Weg Richtung Marke starten Sie mit einer Situationsanalyse und der Beantwortung einer ganzen Reihe von Fragen:

- Was bietet mein Produkt/meine Dienstleistung?
- Welche Marktbereiche bediene ich mit meinem Produkt/meiner Dienstleistung?
- Bediene ich vielleicht eine Nische?
- Welche Zielgruppen spreche ich mit meinem Produkt/meiner Dienstleistung an?
- Wie sind die Marktgegebenheiten?
- Welche Wettbewerber habe ich?
- Wie stellt sich die Nachfrage dar?
- Was kann mein Produkt/meine Dienstleistung besser als der Wettbewerb?
- Was ist mein USP (mein einzigartiges Produktversprechen)?

Markenkonzept
Die Situationsanalyse und die Beantwortung Ihrer selbst gestellten Fragen bilden die Grundlage für Ihr Markenkonzept. Darin legen Sie Ihre Ziele fest, die Route (Strategie), über die Sie diese Ziele erreichen wollen und welche Hilfsmittel (Marketing-Mix) Sie einsetzen möchten/sollten, um die festgelegte Route erfolgreich beschreiten zu können (vgl. Abb. 2.2).

Abb. 2.2 Markenkonzept. (Quelle: Der Kleine Markenleitfaden, https://www.markenleitfa den.com/single-post/2015/11/19/der-weg-zur-marke)

Markenstrategie

Ihre Strategie beinhaltet zunächst die grundsätzliche Entscheidung zwischen Kostenführerschaft und Differenzierung. Die Kostenführerschaft streben Sie dann an, wenn Sie ein Produkt/eine Dienstleistung zu einem unschlagbar attraktiven Preis anbieten können. In den meisten Fällen ist das nicht gegeben. Dann lautet Ihr Weg: Differenzierung.

Die Differenzierung einer Marke kann über die folgenden Parameter erfolgen:

- den Preis
- das Image
- einen bestimmten Service
- die Qualität dessen, was Sie anbieten
- das Design.

Hier legen Sie auch fest, ob Sie mit Ihrem Angebot den Gesamtmarkt oder nur einen Teil davon, eine Nische, bedienen möchten.

Wichtig ist, dass Ihre Strategie für Ihre Zielgruppe und die Öffentlichkeit klar erkennbar ist. Denn nur so können Sie und Ihr Angebot richtig wahrgenommen werden. Meiden Sie die Mitte!

Fassen wir an dieser Stelle kurz zusammen: Ihr Markenkonzept beinhaltet Ihre Ziel- und Strategie-Überlegungen und mit Ihrer Markenidentität legen Sie fest, wer Sie eigentlich sind. Sie bringen damit die Wesensmerkmale zum Ausdruck, für die Ihre Marke stehen soll. Beide zusammen bilden die Grundlage für Ihre Markenpositionierung.

Markenpositionierung

Wer heute ein Unternehmen gründet, steht vor einer riesigen Herausforderung: Wettbewerb überall. Die Kunden haben die Qual der Wahl, denn wir leben in einem Überfluss an Angeboten. Egal ob Investitionsgut oder Konsumgut, egal ob Produkt oder Dienstleistung, egal ob B2C oder B2B. Die fortschreitende Digitalisierung steigert das Überangebot sukzessive weiter.

Warum sollen Ihre potenziellen Kunden ausgerechnet Ihr Produkt nachfragen? Was lässt Sie und Ihr Produktangebot besser erscheinen, als das Ihres Wettbewerbs?

Ihre Kunden brauchen eine klare Idee von Ihrem Produkt. Sie müssen sich genau vorstellen können, was Sie Ihnen bieten. Die Vorstellungen entstehen im Kopf. Im Kopf vergleichen wir Angebote, wägen ab und entscheiden letztendlich.

Differenzierung braucht deshalb eine eindeutige Positionierung. Denn durch die Markenpositionierung legen Sie das bereits beschriebene Terrain fest, das Ihr Produkt/Ihre Dienstleistung im Bewusstsein Ihrer Zielgruppe einnehmen soll. Ihr Ziel

muss es sein, so viele Bewusstseinsanteile wie möglich bei Ihrer Zielgruppe zu gene-
rieren. Und das vor dem Hintergrund, dass unser aller Gehirnkapazität begrenzt ist
und damit auch der Platz, um in unser Bewusstsein vordringen zu können. Zudem
sind wir täglich einem Überangebot an Reizen und Angeboten ausgesetzt.

Es geht darum, sich im Unterbewusstsein Ihrer Zielgruppe festzusetzen, einzula-
gern, zu verankern! Denn dort sind die Erfahrungen gespeichert, die uns Menschen
emotional berühren – ein schönes Erlebnis aus der Kindheit, ein Familienurlaub, ein
Hobby – und damit für eine Bindung zu einer Marke sorgen. D. h., aus dem Unterbewusstsein werden die emotionalen Entscheidungen getroffen. Und das sind die
Entscheidungen, die Einfluss auf eine Marke und Ihr Markenimage haben. Kommt
es zu einem Bedarfsfall, wird hier entschieden, wer diesen Bedarf befriedigen soll.

Ein Terrain zu definieren bedeutet Grenzen zu setzen – Stichwörter ‚Western‘,
‚Viehzüchter‘, ‚Zäune‘ – und eine klare Aussage hinsichtlich Ihres Angebots zu
treffen. Und es bedeutet Verzicht. Sie können es nicht jedem recht machen – Veganer
essen kein Rindfleisch.

Je klarer also das von Ihnen abgesteckte Terrain ist, desto größer ist die Chance,
dass Ihre Zielgruppe bereit ist, dafür Platz in ihrem Bewusstsein einzuräumen. Nur
wie?

Sie müssen bei Ihrer Zielgruppe das Bedürfnis des Brauchens auslösen. Indem
Sie einen Weg finden, über den Sie sich soweit von Ihren Wettbewerbern diffe-
renzieren, dass Sie und Ihr Produkt trotz des beschriebenen Überangebots in das
Bewusstsein Ihrer Zielgruppe vordringen können.

Das schaffen Sie, indem Sie Ihr für Ihre Zielgruppe relevantes Können, also Ihr
Produkt/Ihre Dienstleistung, relevanter machen. Entweder durch einen unschlag-
baren Preis, oder durch ein Versprechen, das ihrer Zielgruppe mehr bedeutet, sie
stärker berührt und besser aktiviert, als das Ihres Wettbewerbs.

Ihre Markenpositionierung hängt vom Zusammenspiel zweier Faktoren ab:
Zunächst muss das, was Sie bieten, relevant für Ihre Zielgruppe sein – ansons-
ten endet Ihr Versuch an dieser Stelle. Die Relevanz Ihres Angebots unterstreichen
Sie durch ein dauerhaftes Versprechen (Impact), das es noch relevanter für Ihre Ziel-
gruppe macht, als das des Wettbewerbs. Aus Ihrem Können und Ihrem dauerhaften
Versprechen ergibt sich die Positionierung für Ihre Marke. Abb. 2.3 drückt es als
Formel aus, die besagt, dass Sie nur dann ins Bewusstsein Ihrer Zielgruppe rücken,
wenn das Zusammenspiel von Relevanz und Impact stimmt.

Beispiele

1. Sie sind ein Anbieter professioneller Nachhilfe für Schüler, Azubis und Stu-
    denten, die zusätzlichen Lernbedarf haben. Das bietet die Schülerhilfe auch. Ihr

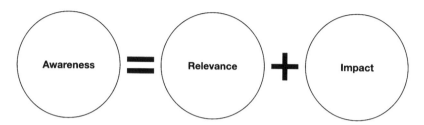

Markenpositionierung: Die Formel

Awareness $=$ Relevance $+$ Impact

Abb. 2.3 Markenpositionierung. (Quelle: eigene Darstellung)

einzigartiges Versprechen ist es, dass Sie sich nach der Vermittlung auch darum kümmern, dass das bestmögliche Ergebnis durch die Nachhilfe erreicht wird. Damit bieten Sie einen Service, mit dem sie sich vom Wettbewerb eindeutig differenzieren und aus dem Ihre Markenpositionierung resultiert.

2. Die Marke BMW entwickelt Hightech-Sportlimousinen, die das Ergebnis hoher Ingenieurskunst sind. Das können andere Autobauer jedoch auch. Deshalb positioniert sich BMW auch nicht als Ingenieursunternehmen. Stattdessen gibt BMW seiner Zielgruppe ein langfristiges Versprechen, das diese emotional abholt: BMW bietet Freude am Fahren. Und hat daraus eine eindeutige Markenpositionierung entwickelt.

3. Als ein neuer Anbieter von Müsli sind Sie erstmal einer von vielen. Bieten Sie Bio-Müsli an, verkleinert sich der Wettbewerb. Bieten Sie jedoch, wie mymuesli, individuell zusammenstellbares Biomüsli an, das online bestellt werden kann, dann haben Sie ein eindeutiges Differenzierungsmerkmal und geben Ihrer Zielgruppe ein Versprechen, das ihr mehr bedeutet, das sie stärker berührt und besser aktiviert, als das Ihres Wettbewerbs. Daraus können Sie Ihre eindeutige Markenpositionierung definieren.

Abb. 2.4 zeigt die Positionierung der Marke mymuesli, die besagt: mymuesli bietet hochwertiges Bio-Müsli für Menschen, die Müsli lieben und es regelmäßig essen, das online je nach Geschmack individuell zusammengemixt und gekauft werden kann.

- mymuesli bietet hochwertiges Bio-Müsli … = das Können des Unternehmens
- für Menschen, die Müsli lieben und regelmäßig kaufen/essen, … = Motiv der Zielgruppe

Markenpositionierung am Beispiel von mymuesli

Der erfüllte Teil: Das Können	Der unerfüllte Teil: Das Versprechen
Das aktuelle, real existierende Können eines Unternehmens, die Verankerung im Hier und Jetzt, schafft *Relevance*	Das auf das Können aufsetzende dauerhafte Versprechen, das ein *Angebot relevanter* macht, als das des Wettbewerbs - *Impact*

mymuesli bietet hochwertiges Bio-Müsli für Menschen, die Müsli lieben und regelmäßig essen, das online, je nach Geschmack, individuell zusammengemixt und gekauft werden können.

Abb. 2.4 Markenpositionierung mymuesli. (Quelle: eigene Darstellung)

- das online je nach Geschmack ganz individuell zusammengemixt und gekauft werden kann … = das relevante Versprechen der Marke

Für eine Positionierung ist es unerheblich, ob diese ein Unternehmen, ein Produkt oder eine Dienstleistung betrifft, ob etwas greifbar ist oder nicht. Es kommt einzig und allein darauf an, Ihre Idee zu schärfen und für alle wahrnehmbar zu machen. Wenn Sie das schaffen, werden Sie bei Ihrer Zielgruppe zu einem Begriff – und damit nachhaltig zu einer Marke.

Zukunftsgerichtet agieren
Mit der Positionierung Ihrer Marke heute legen Sie fest, ob und wie erfolgreich Sie morgen sein werden. Es geht darum, heute die richtigen strategischen Weichen zu stellen und damit für Ihren Erfolg von morgen zu sorgen.

Durch die fortschreitende Digitalisierung und die damit verbundene Zunahme ständig neuer Reize und Angebote, verändern sich sowohl die Märkte als auch das Kundenverhalten immer schneller. Damit entwickelt sich die Positionierung zu einer permanenten Aufgabe. Haben Sie Ihre optimale Positionierung gefunden, gilt es diese stetig zu verteidigen und der Entwicklung des eigenen Business anzupassen, sie dahingehend weiterzuentwickeln, um das Markennutzenversprechen stets halten und am besten sogar übertreffen zu können.

Für Sie heißt das, ständig aktiv zu bleiben, den Markt, den Wettbewerb, Entwicklungen im Verhalten der Zielgruppe(n) zu beobachten, offen zu sein, für Neues und daraus resultierend Strategien zu entwickeln, die dazu beitragen, Ihre Positionierung und Ihre Position im Markt zu stärken und sukzessive auszubauen. Um von einer bekannten Marken zunächst zu einer vertrauten Marke und dann zu einer relevanten Marke zu werden, bis man als Marke präferiert und sogar favorisiert wird.

Das bedingt auch, dass Sie zukunftsgerichtet denken und mögliche Trends spüren oder voraussehen können. Sie müssen kein Steve Jobs (ehemaliger Chef von Apple) sein, sollten aber versuchen, ähnlich zu agieren. Revolutionen waren immer nur dann erfolgreich, wenn die Gesellschaft bereit für sie war. Steve Jobs hatte dieses Feeling, nicht umsonst war er Initiator dreier Produktrevolutionen; der Personal Computer (Macintosh), Online-Musik mit dem iPod und mobile Kommunikation mit dem iPhone.

Markenname und Markenlogo 3

Das Logo kann eine Wortmarke (Google), eine Bildmarke (Apple) oder eine Kombination aus beidem (adidas) sein.

Die Wortmarke oder der Markenname ist, wie der Begriff schon sagt, der Name Ihrer Marke. Er kann für ein Produkt, eine Dienstleistung oder ein Unternehmen stehen.

Die Aufgabe, den Markennamen und das Logo zu entwickeln, ist so elementar, dass Sie zwei Dinge dabei beherzigen sollten: Nehmen Sie sich ausreichend Zeit für beides und nehmen Sie Hilfe durch eine Agentur in Anspruch, wenn nur der leiseste Zweifel bei Ihnen besteht, dieser Aufgabe nicht gewachsen zu sein. Eine Fehlentscheidung an dieser Stelle kann schon über Erfolg oder Misserfolg Ihres Unternehmens entscheiden.

Die Markenpositionierung als Grundstein

Alles beginnt mit Ihrer Markenpositionierung, also mit der Definition, wofür Ihr Produkt/Ihre Dienstleistung steht und wen Sie damit ansprechen wollen. Hier setzen Sie den Grundstein dafür, ob Ihre Zielgruppe und die Öffentlichkeit jemals Vertrauen zu Ihrer Marke aufbauen können und damit die Voraussetzung geschaffen wird, Ihre Marke als Wahlmöglichkeit in Betracht zu ziehen.

Kreativität und Zeit

Danach heißt es, kreativ zu sein. Es geht zunächst darum, möglichst viele Vorschläge für Markennamen zu sammeln. Nehmen Sie sich Zeit für ein Brainstorming. Lassen Sie sich inspirieren und Ihrer Fantasie freien Lauf. Kunstworte, Fremdwörter, zusammengesetzte Wörter, egal. Hauen Sie es raus. Die Liste der möglichen Markennamen kann ruhig länger werden. Das Kürzen kommt danach.

© Der/die Autor(en), exklusiv lizenziert durch Springer Fachmedien Wiesbaden GmbH, ein Teil von Springer Nature 2021
T. Czerwinski, *Markenentwicklung und Markenführung für Gründer,*
essentials, https://doi.org/10.1007/978-3-658-35505-0_3

Und wenn Sie meinen, dass Ihrer Kreativität Grenzen gesetzt sind, dann holen Sie sich unbedingt Hilfe. Die Agenturwelt da draußen ist groß und reichlich besetzt mit Profis, die viele Ideen für erfolgreiche Markennamen haben.

Anforderungen an den Markennamen

Es gibt ganz bestimmte Anforderungen an einen Markennamen. Er sollte eigenständig, seriös, innovativ, merkfähig und schutzfähig sein.

Eigenständig heißt, Ihr Markenname sollte sich von anderen Markennamen abgrenzen, er sollte individuell sein, genauso, wie es Ihr Produkt/Ihre Dienstleistung ist. Damit Ihre Marke von vorn herein als eigenständig wahrgenommen wird.

Seriös bedeutet, Ihr Markenname soll Vertrauen bei Ihrer Zielgruppe und der Öffentlichkeit erzeugen. Er muss zu Ihrem Produkt/Ihrer Dienstleistung passen. Die Zielgruppe soll positive Markenassoziationen mit ihm verbinden. Und ganz wichtig, falls Sie in der Zukunft international tätig sein wollen, der Markenname muss in anderen Sprachen funktionieren, darf dort nicht plötzlich negativ belegt sein, vielleicht sogar eine Beleidigung darstellen. Auch hier heißt es, von vorn herein daran denken. Negative Beispiele: Elster (Elektronische Steuererklärung, Finanzamt) oder Emu (Australische Fluggesellschaft).

Sie haben 26 Buchstaben zur Namensbildung zu Verfügung. Das heißt, Sie haben ausreichend Material zu Verfügung, um einen **innovativen** Markennamen zu entwickeln. Ob der nun beschreibend ist oder ein Fantasiename, wichtig ist, dass die Zielgruppe sofort weiß, um was es geht. Schöne Beispiele sind mymuesli oder e.on.

Natürlich sollen sich Ihre Zielgruppe und die Öffentlichkeit Ihren Markennamen gut merken können. Denn was nützt Ihnen der schönste Markenname, wenn ihn niemand behält? Dabei kommt es nicht auf kurz oder lang an. Es kommt darauf an, wie sich der Markenname aussprechen lässt, wie er klingt, wenn man ihn sagt.

Markenschutz

Damit man Ihnen Ihren Markennamen nicht streitbar machen kann, muss er unbedingt schützbar sein. Die Anmeldung einer deutschen Marke erfolgt durch Antrag beim Deutschen Patent- und Markenamt (DPMA). Die Grundgebühr für die Anmeldung einer deutschen Marke beträgt 300 € (bzw. 290 € bei Onlineanmeldung).

Logoentwicklung

Wenn Sie kein Grafik-Designer mit Erfahrung in der Logoentwicklung sind, beauftragen Sie lieber Profis. Und wenn Sie Grafik-Designer mit Erfahrung in der Logoentwicklung sein sollten, lassen Sie trotzdem besser die Finger davon. Suchen Sie sich professionelle Hilfe bei einer Agentur. Das hat zwei Vorteile: konzeptionelles Know-how und den Blick von außen.

Folgende Anforderungen werden an Ihr Markenlogo gestellt:

- Identifikation und Differenzierung gewährleisten
- Imagerelevante Assoziationen vermitteln
- Gefallen erzeugen
- Erinnerung schaffen
- Rechtliche Schützbarkeit sicherstellen

Um das zu erreichen stehen Ihnen unterschiedliche Gestaltungselemente zur Verfügung:

- Symmetrie
- geometrische Form
- Farbe
- Farbsättigung und Farbhelligkeit

Von diesen Faktoren kann abhängen, wie Sie von Ihrer Zielgruppe und der Öffentlichkeit wahrgenommen werden, welche Assoziationen mit Ihrer Marke verbunden werden, ob Ihre Marke positiv oder negativ gesehen wird.

Die Nike-Bildmarke, der sog. Swoosh, symbolisiert Dynamik, Schnelligkeit und Bewegung. In Kombination mit der Wortmarke, die von der griechischen Siegesgöttin inspiriert ist, steht es für beste Performance – des Produkts und damit auch des Sportlers. Der Nike Swoosh gehört zu den bekanntesten Markenzeichen der Welt und steht in einer Reihe mit der Walt-Disney-Signatur und dem Coca-Cola-Schriftzug.

Die Marke ‚Say No To The Hunger Virus' ist ein NPO-Start-up (NPO = Non-Profit-Organisation) aus Uganda und ich bin Co-founder dieser Initiative. Als es darum ging, ein Logo zu konzipieren, haben wir damit einen Experten beauftragt. Das Ergebnis: Ein Zusammenspiel aus Symmetrie und geometrischer Form, mit einer einfachen und klaren Symbolik. Das Logo wirkt sympathisch auf unsere Zielgruppe, es differenziert unsere Initiative und bleibt so in Erinnerung (vgl. Abb. 3.1).

Kosten

Standardpreise gibt es für die Entwicklung eines Markennamens nicht, das wird meist individuell verhandelt. Der Preis hängt mit vielen Faktoren zusammen, u. a. spielen die räumliche Nutzung und die Nutzungsdauer eine große Rolle – wird die Marke regional, national oder international genutzt.

Abb. 3.1 Markenlogo
„Say No To The Hunger
Virus". (Quelle: Say No To
The Hunger Virus)

Eine professionelle Namensentwicklung, mindestens mit Domain- und Markenprüfungen, startet bei ca. 2000 bis 2500 € (z. B. für Existenzgründer). Je internationaler, aufwendiger und inhaltlich komplexer das Projekt ist, desto höher die Kosten.

Ähnlich sieht es bei der Logoentwicklung aus. Die Kosten entstehen weniger durch den Aufwand für die Gestaltung, sondern oftmals durch den Umfang der Nutzung. Ein Logo kann gerne mal mehrere tausend Euro kosten.

Es gibt aber auch faire Angebote für Start-ups, die bei 300 bis 1000 € (Logo inkl. Umsetzung auf Visitenkarte und Briefbogen – Nutzungsrecht einfach, regional, zeitlich unbegrenzt) liegen. Natürlich gibt es auch kostenfreie Logo-Generatoren sowie Angebote von Freelancer-Plattformen für 100 € (teilw. sogar weniger). Sie sollten sich dabei allerdings die Qualitäts- und Nutzungsfrage stellen.

Logo für 200–500 €
Für Unternehmen mit geringem Budget, die ein individuelles Logo in guter Qualität haben möchten: Sie erhalten qualitativ gute Designs in allen Dateiformaten, die individuell von einem etablierten Designer für Sie entworfen werden. Das sind meistens Freelancer mit kleinerem Portfolio oder Standard-Designs.

Logo für 500–1000 €
Für Unternehmen, die Wert auf Qualität legen und ein mittelgroßes Budget zur Verfügung haben: Sie erhalten qualitativ hochwertige Designs in allen Dateiformaten, die individuell von einem Team professioneller Designer – Freelancer mit langjähriger Erfahrung oder Premium Designwettbewerb – für Sie entworfen werden. Die Nutzungsrechte gehen uneingeschränkt auf Sie als Auftraggeber über.

Logo für über 2000 €

Für bereits etablierte Unternehmen mit großen Budgets, die viel Wert auf Qualität und Individualität legen: Professionelle Designagenturen entwickeln eine kleine Auswahl qualitativ sehr hochwertiger Designs, die individuell für Ihr Business von einem Team von Designspezialisten entworfen werden.

Die Nutzungsrechte sind zu verhandeln.

Gemäß AGD (Allianz deutscher Designer) Vergütungstarifvertrag Design setzen sich die Kosten wie folgt zusammen:

Für Entwurftätigkeiten werden 90 € berechnet: z. B. 20 h × 90 € = 1800 €.

Die Nutzungsrechte umfassen eine einfache, regionale Nutzung in geringem Umfang und sind auf ein Jahr beschränkt. Der Nutzungsfaktor entspricht 0,5 des Preises für die Entwurftätigkeit, im Beispiel also 1800 € × 0,5 = 900 €.

Zusätzliche Leistungen, z. B. Reinzeichnung, Recherche und Besprechungen, werden gesondert und pauschal berechnet, z. B. 6 h × 90 € = 540 €.

Das ergibt zusammen 3240 € für eine regionale Nutzung, ein Jahr lang.

Wichtig für Sie ist es, die zeitliche und räumliche Nutzung uneingeschränkt zu verhandeln. Gerade für Start-ups gibt es hier von Agenturen spezielle Angebote. Marken mit sehr viel Selbstvertrauen machen den Schritt von einer Wort-Bild-Marke zu einer Bildmarke, weil ihre Marke und damit verbunden auch das Logo gelernt sind.

Beispiel Mastercard: Nach dem Logo Relaunch 2016 wird der Markenname sukzessive aus dem Logo verschwinden. Auf einigen neueren Kreditkarten sind nur noch die beiden ‚interlocking circles' zu sehen.

Markenführung 4

Das verlangt auch das regelmäßige Messen und Analysieren der formulierten KPIs, um zu überprüfen, ob gesteckte Markenziele erreicht wurden, damit Sie ggf. Anpassungen vornehmen können – bei Ihrer Markenstrategie und der Markenpositionierung. Um so innerhalb Ihrer Zielgruppe und in der Öffentlichkeit Bekanntheit für Ihre Marke aufzubauen, aus der dann sukzessive ein Markenimage entsteht. Dieses wird durch das Versprechen und Verhalten der Marke geprägt und den Erwartungen Ihrer Zielgruppe, die damit verbunden sind. Daraus entsteht die in Abb. 4.1 dargestellte Marke-Kunde-Beziehung.

Deshalb ist es ebenfalls wichtig, dass Sie Ihre Marke ebenso konsequent nach innen führen – in Richtung Ihrer Mitarbeiter. Denn die Mitarbeiter prägen das Verhalten der Marke, also ihre Werte sowie ihre Positionierung, und sie verkörpern das Können und das langfristige Versprechen Ihrer Marke.

4.1 Markenführung nach innen

4.1.1 Employer Branding nach innen

Employer Branding, das ist die Markenführung nach innen und von dort nach außen. Der Mitarbeiter steht hierbei Mittelpunkt. Ihn richtig einzubinden, in Prozesse, in Aktivitäten, in Entscheidungen, ihn mit der Marke, mit ihrer Identität und mit der Positionierung der Marke vertraut zu machen, damit er die Marke verstehen und sich mit ihr identifizieren kann, ihn als Botschafter, als Repräsentant der Marke – gegenüber Kunden, gegenüber neuen Mitarbeitern und gegenüber der Öffentlichkeit – zu etablieren, das ist eine der wichtigsten Aufgaben der Unternehmen.

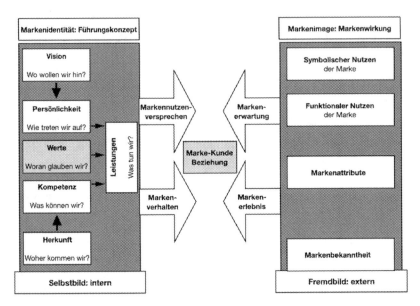

Abb. 4.1 Identitätsbasiertes Markenmanagement. (Quelle: In Anlehnung an Wirtschafts-lexikon Springer Gabler, https://wirtschaftslexikon.gabler.de/definition/identitaetsbasiertes-markenmanagement-33424)

Denn ein Unternehmen kann als Marke nur dann nach außen überzeugend sein, wenn es nach innen funktioniert!

Implementierung der Markenidentität nach innen und zu vermeidende Fehler

Die Implementierung der Markenidentität ist ein sensibler Prozess. Schließlich geht es um nicht weniger als das Selbstbild, mit dem sich die Marke nach innen identifiziert, es lebt und wie sie nach außen auftritt. Es gilt dabei, die Mitarbeiter so früh wie möglich in die Prozesse einzubeziehen. Passiert das nicht oder nur unzureichend, kann der ganze Prozess scheitern. Mögliche Fehler können sein:

- Mitarbeiter werden nicht rechtzeitig vorbereitet und die Implementierung erfolgt zuerst nach außen
- keine persönliche Kommunikation durch die Vorgesetzten mit den Mitarbeitern, sondern nur allgemein

- Information nach innen oftmals nur an die Abteilungen Marketing und Kommunikation
- keine Leuchtturmprojekte, die die Implementierung symbolisch unterstützen
- ein einziges großes Markenevent, keine Folgeveranstaltungen in Gruppen oder Abteilungen
- keine interne Markenkontrolle

Damit Sie diesem Fehler entgegenwirken können, ist bei der Implementierung der persönliche Kontakt wichtig, um den Mitarbeitern die Möglichkeit zu geben, sich untereinander und mit den Vorgesetzten auszutauschen, persönliches Feedback zu geben, auch in Form von konstruktiver Kritik oder Bedenken, die genauso konstruktiv von den Vorgesetzten behandelt wird. Das kann über Mitarbeitergespräche, Foren, Teamsitzungen, offene Türen, kontinuierliche Workshops, regelmäßige Beiträge über das Intranet oder Monatsgespräche passieren. Der regelmäßige Austausch fördert die Kenntnis und beeinflusst die Einstellung, die wiederum das Verhalten der Mitarbeiter prägt.

Mitarbeiterorientierung

Die Mitarbeiter sind das höchste Gut eines Unternehmens. Zumindest sollten sie das sein.

Denn Menschen sind Know-how, Engagement, Teamspirit, Kreativität und so vieles mehr.

Agiert ein Unternehmen mitarbeiterorientiert, dann schafft es Identifikation, erhöht das Commitment der Beschäftigten und verbessert deren Leistungen. Ziel der internen Markenführung ist es, eine Identifikation der Mitarbeiter mit ihrer Marke zu erreichen und die Markendentität im Mitarbeiterverhalten zu verankern.

Bei allen Aktivitäten des Unternehmens muss deutlich werden: Alle im Unternehmen ziehen an einem Strang. Die Führungskräfte gehen mit gutem Beispiel voran. Das „Warum tun wir das?" ist jedem Mitarbeiter klar. Und jeder Mitarbeiter erhält die Unterstützung vom Unternehmen, die er benötigt, um seine bestmögliche Leistung zu bringen – für den gemeinsamen Erfolg.

Die Rolle der Führungskräfte

Erfolgreiche Führungskräfte

- haben ein klar definiertes und inspirierendes Markenversprechen,
- leben das Markenversprechen persönlich vor,
- zeigen Commitment,
- kommunizieren das Markenversprechen konsequent nach innen,

- sind Change Agents im Sinne der Marke,
- verstehen sich als Hüter der Marke, lassen dabei aber Individualität zu,
- lassen ihre Mitarbeiter aktiv am Markenbildungsprozess teilnehmen und
- gleichen externe und interne Wahrnehmung des Markenversprechens regelmäßig ab.

Allzu viele Führungskräfte scheitern an ihrer Rolle. Weil ihnen das entsprechende Markenwissen fehlt und damit verbunden auch Brand Commitment. Sie leben ihren Mitarbeitern die Marke nicht vor, weil sie es nicht können.

Ein zufriedener Mitarbeiter ist das beste Markenargument. Denn ein zufriedener Mitarbeiter, der sich mit seinem Unternehmen, mit der Marke sowie ihrer Identität voll und ganz identifiziert, der zufrieden ist, der das liebt, was er tut und wo er es tut, ist das beste Argument für neue Mitarbeiter. Weil er seine Zufriedenheit, weil er sein Bekenntnis, weil er seine Liebe zum Unternehmen und zur Marke offen nach außen tragen wird. Ungeschönt, aber dafür authentisch.

Beispiel: mymuesli

Die drei Geschäftsführer gehen bei der Markenführung von jeher voran – sie leben die Marke konsequent nach innen und sorgen so für ein Wir-Gefühl.

Nur so kann die Marke im nächsten Schritt dann auch von innen nach außen gelebt werden – und zwar von allen Mitarbeitern. Es besteht eine offene, freundschaftliche Unternehmenskultur, in der jeder Mitarbeiter gleich viel zählt, und sich einbringen kann bzw. soll. Bei sog. All Hands Meetings, in denen gemeinsam Ideen gesucht und gefunden werden, genauso wie beim Unternehmens-Blog, in dem es neben „Working at mymuesli" um Themen wie Nachhaltigkeit, Müslifreunde oder Upcycling geht. Der Teamspirit steht bei allem im Mittelpunkt.

Von der Online-Plattform bis zum Erlebnis direkt im Laden, von den Vertriebs- und Kommunikationskanälen bis hin zur Bürokultur und Mitarbeiterführung – an allen Markenkontaktpunkten erzeugt mymuesli ein klares und eindeutiges Bild. Das spiegelt sich auch in Bewertungen durch Mitarbeiter und Bewerber wider. Und gibt es Kritik, dann kommt ein zeitnahes Feedback und ein konstruktiver Umgang damit, z. B. über eine Einladung zu einem persönlichen Nachgespräch.

Ich verfolge mymuesli seit Jahren und nutze das Unternehmen sehr gerne als Beispiel für erfolgreiche Markenbildung und Markenführung von innen nach außen.

Verpasste Chancen im Employer Branding

Viele Unternehmen sehen die große Chance für ihre Marke einfach nicht. Deshalb versagen diese Unternehmen oft auch bei der Markenkommunikation nach außen in

Richtung potenzieller High-Potentials. Weil sie, anstatt diese emotional zu gewinnen, indem sie sich an deren Vorstellungen und Wünschen orientieren, nur damit beschäftigt sind, sich selbst als Unternehmen und als Arbeitgeber loben.

Das wird solange so bleiben, wie in Unternehmen nicht verstanden wird, dass Markenführung das zentrale Element eines Unternehmens ist und in der höchsten Entscheidungsebene bei einem Experten angesiedelt sein muss, der die Marke lebt – nach innen und nach außen.

Fehler bei der Besetzung neuer Stellen

Employer Branding darf nicht alleine auf die Rekrutierung von neuen oder jungen Mitarbeitern zielen. Ziel ist es auch, die bestehende Belegschaft zu motivieren, zu begeistern und sie – im Idealfall – zu Markenbotschaftern zu machen.

Geht es um die Besetzung einer neuen Stelle, spielt das für das innere Gefüge eine wichtige Rolle. Die Markenwerte und die Markenpersönlichkeit stehen dann auf dem Prüfstand. Handelt es sich nur um leere Floskeln oder werden diese wirklich gelebt? Die Führung der Marke mag Chefsache sein. Das heißt jedoch nicht, dass die Mitarbeiter komplett außen vor bleiben sollen. Denn das kann zu Missmut und Vertrauensverlust führen. Vor allem dann, wenn sich Mitarbeiter (berechtigte) Hoffnungen machen könnten, dass die Besetzung einer Stelle intern erfolgt.

Bei Stellenbesetzungen sollte die Planung des Chefs nach innen kommuniziert werden, bevor dieses nach außen passiert. So haben Mitarbeiter die Möglichkeit, sich zu bewerben. Oder Empfehlungen auszusprechen, die dem Chef eine zusätzliche Orientierung geben. Ein starkes internes Employer Branding mit Förderprogrammen, Beteiligungsprozessen und Befragungen aller sorgt dafür, dass das Unternehmen ein ansprechendes Bild von sich entwirft, mit dem alle Beteiligten gut leben können. Damit fühlt sich das Team eingebunden in den Prozess. Das wiederum stärkt das „Wir-Gefühl". Im umgekehrten Fall könnten sich die Mitarbeiter übergangen fühlen. Das wirkt sich zwangsläufig negativ aus.

4.2 Die Wahrnehmung der Marke von außen

4.2.1 Employer Branding nach außen

Nicht nur nach innen spielt das Employer Branding eine erfolgsentscheidende Rolle. Auch die Außenwirkung des Unternehmens und damit die Wirkung auf potenzielle Bewerber sind bedeutend.

Unternehmen, die unter Branding im Begriff „Employer Branding" nur Veränderungen am Layout der Karriereseite verstehen und meinen, Bewerber ausschließlich über bunte Bilder für sich gewinnen zu können, werden auf Dauer ihre Glaubwürdigkeit verlieren und ihrer Marke schaden! Weil diese Art von Employer Branding nichts Nachhaltiges, dafür nur Austauschbares enthält.

Bei Qualitrain zum Beispiel (Anbieter ganzheitlicher Gesundheits-/Fitnesskonzepte für Firmen) habe ich die folgende Formulierung gefunden, die es meines Erachtens auf den Punkt bringt: „Employer Branding ist mehr als ein untergeordneter Teil des Marketings. Im Gegenteil: Employer Branding zielt unmittelbar auf die Marke des Unternehmens und wirkt dabei zugleich spezifisch auf die Wahrnehmung durch Kandidaten." (Qualitrain 2020) Personalverantwortung heißt also gleichzeitig auch Verantwortung für das Employer Branding.

Genauso wichtig wie eine aussagekräftige Karriereseite ist der Umgang mit potenziellen Mitarbeitern, die sich auf ausgeschriebene Stellen in einem Unternehmen bewerben. Das gilt besonders beim ersten Kennenlerngespräch: Ein Bewerbungsgespräch ist ein Gespräch und kein Einbahnstraßen-Interview. Denn der Kandidat möchte auch Sie kennenlernen. Geben Sie einem Kandidaten immer ausreichend Zeit, um Fragen zu stellen – egal, wie das Gespräch bis dahin gelaufen ist.

Vermeiden Sie es, ausschließlich eine vorgegebene Frageliste abzuarbeiten, ohne jegliches Gespür für die Gesprächssituation, für den Kandidaten und für die zu besetzende Stelle. Es mag ja sein, dass Sie so leichter vergleichen können, aber wollten Sie so behandelt werden?

Malen Sie zudem nicht alles rosarot. Auch in Ihrem Unternehmen gibt es Herausforderungen. Es geht darum, wie Sie diese angehen. Seien Sie also authentisch und präsentieren Sie Ihr Unternehmen und Ihre Marke dem Kandidaten so, wie es Ihrer Markenidentität entspricht.

4.2.2 Markenwahrnehmung der Kunden: Veränderte Rahmenbedingungen

Die sukzessive Digitalisierung der Branchen bringt Unternehmen eine Menge an Vorteilen und gleichzeitig Herausforderungen. Die große, breitgefächerte, unablässige Informationsflut macht alles um uns herum schnelllebiger. Trends kommen und gehen schneller. Technologien entwickeln sich und veralten auch schneller. Was heute noch up to date ist, ist morgen schon vergessen. Aber auch Meinungen ändern sich schneller. Die Menschen werden oberflächlicher und wechselbereiter. Es wird schwieriger, tiefe und langfristige Beziehungen aufzubauen. Denn wer weiß heute, ob nicht schon morgen ein anderer Anbieter das Gleiche zu viel besseren Konditionen anbietet?

Die Marken-Kunde-Beziehung ist viel mehr Einflüssen von außen ausgesetzt. Hat sich das Markenimage bei der externen Zielgruppe früher durch das Erlebnis mit der Marke und die erfüllten Markenerwartungen ergeben und erfolgte ein Austausch dazu mit der Familie und seinen realen Freunden, sind die Einflüsse heute viel facettenreicher und anonymer: virtuelle Freunde über Social Media, Communities, Foren, Bewertungsportale, Erfahrungsberichte, Influencer, ...

Durch die zunehmende Digitalisierung haben sich die Kunden zudem viel stärker emanzipiert. Sie wissen genau, was sie wollen, wie sie es wollen und auch wieviel sie bereit sind, dafür zu bezahlen.

Kunden suchen immer öfter nach Einkaufserlebnissen – B2C und B2B. Sie wollen eine Marke emotional wahrnehmen und von ihr inspiriert werden. Allerdings als mündige Konsumenten und nicht allein durch Werbung. Eine individuelle Beratung und die emotionale Begegnung mit anderen Usern stehen stattdessen im Vordergrund. Nur, wenn eine Marke es schafft, diese Erwartungen zu erfüllen, am besten sogar zu übertreffen, wird man langfristig zufriedene Kunden gewinnen und binden können.

Der Schlüssel zum langfristigen und nachhaltigen Erfolg einer Marke liegt in der Customer Loyalty, die durch Differenzierung in Form von Emotionalisierung und Individualisierung des Produkts erzeugt wird. Denn wenn Produkte immer ähnlicher, Preise immer kompetitiver und Märkte immer transparenter werden, wird zugleich das Kundenerlebnis immer ausschlaggebender. Dazu ist es unabdingbar, Kundenwünsche präzise zu erfassen und richtig zu deuten, eine nahtlose Customer Journey zu ermöglichen und die Marke an allen Touchpoints und immer wieder neu mit Leben zu erfüllen. Marken müssen heute

- in Kundenbedürfnissen denken, nicht in Produkten.
- in Plattformen denken, nicht in Anwendungen.
- in Ökosystemen denken, nicht in Einzellösungen.

Sie müssen den Kundenbedarf in den Mittelpunkt ihres Denkens und Handelns stellen und aus diesem Verständnis heraus verständliche und individualisierbare Produkte und Leistungen im Angebot haben. Ebenso wichtig ist es, einen bestimmten Kundenbedarf frühzeitig zu erkennen, den Kunden persönlich und individuell anzusprechen und ihm maßgeschneiderte, einfache, schnelle und unkomplizierte Lösungen proaktiv anzubieten. Die Kunden müssen einen Mehrwert durch die Marke erfahren.

Selbstlernende Software kann dabei helfen, individueller auf Kundenwünsche einzugehen. Aufgrund der schnellen Analyse kundenspezifischer Daten kann ein Unternehmen fundiertere Empfehlungen und passendere Angebote abgeben. In hybriden Lösungen können Mitarbeiter und Technologien in einem gemeinsamen Portal (Hub-and-Spoke) zusammengeführt werden. In Abb. 4.2 wird das Zusammenspiel von Brand Management, Technologie und Brand Experience in Bezug auf die Marke und ihren Erfolg gezeigt.

Beispiel

Ein Kundengespräch steht an. Der Kundenberater/Verkäufer bereitet sich sorgfältig auf das Treffen vor und nutzt im Vorfeld ein kognitives Assistenzsystem, das ihn

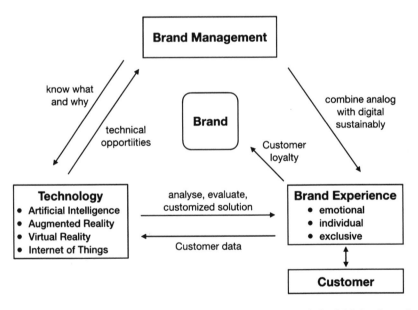

Abb. 4.2 Modern Brand. (Quelle: In Anlehnung an Der Kleine Markenleitfaden, https://www.markenleitfaden.com/single-post/auswirkungen-der-digitalisierung-f%C3%BCr-die-markenf%C3%BChrung)

mit Fakten und zusätzlichen Erkenntnissen versorgt. Wie das funktionieren kann? Mithilfe von gezielter Datenauswertung inklusive Handlungsempfehlungen. Markt-, Kunden- und Callcenter-Daten bieten dafür jede Menge Input.

Das Beispiel zeigt: Die Zukunft und der Erfolg Ihrer Marke werden sich beim Kundenservice entscheiden – nicht bei der Technologie. Diese ist nur Mittel zum Zweck, und die angebotenen digitalen Services müssen dazu auf die individuellen Bedürfnisse Ihrer Kunden bzw. einzelner Zielgruppen zugeschnitten werden.

Beispiel

Das Tech-Start-up e-bot7 automatisiert Kundengespräche durch eine digitale Plattform für Koversations-KI. Warum tut e-bot7 das?

Das Unternehmen hat festgestellt, dass häufig wiederkehrende First-Level-Support-Fragen die Supportmitarbeiter unnötig lange binden. Das verursacht zum einen hohe Kosten, zum anderen müssen die Kunden oftmals stunden- oder tagelang auf eine Antwort warten. Ein KI-Chatbot automatisiert den Großteil der Anfragen und liefert den Kunden gleichzeitig die angefragten Informationen. Das Unternehmen kann so einen konsistenten Kundenservice über alle Kanäle, Geräte oder Plattformen hinweg bieten. Dadurch werden die Wartezeiten für Kunden drastisch reduziert und gleichzeitig wird die Kundenzufriedenheit erhöht.

Die angebotene KI führt automatisch Gespräche, leitet Benutzer durch die Website, qualifiziert diese vor und vereinbart Termine. Dennoch bleibt die volle Kontrolle beim Menschen, der entscheidet, ob und wann er übernimmt.

Auch dieses Beispiel unterstreicht den Servicegedanken am Kunden, der durch den passenden Einsatz von Technologie forciert wird.

4.2.3 Markenkommunikation

„Jeder Kontakt mit einem Unternehmen/Produkt hinterlässt Spuren in den Köpfen der Menschen – bewusst oder unbewusst, strategisch geplant oder zufällig", sagt Professor Franz-Rudolf Esch (Esch 2012/2017).

Diese Kontakte können durch eine gezielt gesteuerte Kommunikation positiv (aber auch negativ) beeinflusst werden.

Aufgabe der Markenkommunikation

Aufgabe der Markenkommunikation ist es, die Markenidentität und damit verbunden die Markenwerte, die Markenpersönlichkeit und die Kompetenzen eines

Unternehmens, eines Produkts, einer Marke für die Zielgruppe(n) zu versinnbildlichen. Das Ziel dabei ist es, daraus ein Fremdbild, also das Image einer Marke entstehen zu lassen. Mit dem Markenimage verbunden sind Assoziationen, die die Zielgruppen mit einer Marke verbinden, die bestimmte Erwartungen auslösen und die es dann durch die Marke zu befriedigen gilt.

Neue Herausforderungen der Markenkommunikation
Noch vor einigen Jahren erfolgte die Markenkommunikation hauptsächlich vom Unternehmen aus. Aufgabe des Markenmanagements war es Produkteigenschaften, Innovationen, Produktbroschüren und die Unternehmenswebsite zu kommunizieren.

Geprägt durch die zunehmende Digitalisierung mit all ihren Vorteilen und Herausforderungen, müssen die Markenverantwortlichen heute auch mit den kommunikativen Einflüssen von außen umgehen. Seien es Bewertungen in Portalen, Berichterstattung und Gerüchte, die durch die zunehmende Digitalisierung immer schneller verbreitet werden. Diese Kommunikation in Richtung des Unternehmens gilt es richtig zu filtern, zu analysieren und für das Unternehmen einzusetzen. Die Kritik von außen gilt heute als eine der wichtigsten Informationsquellen, um ein Unternehmen erfolgreich weiter zu entwickeln.

Markenkommunikation heute heißt vor allem auch Dialog mit der Zielgruppe. Was treibt Ihre Kunden an? Was gefällt, was nicht? Wo gibt es Verbesserungspotenzial? Alle diese Fragen lassen sich mit dem Feedback aus der Zielgruppe beantworten. Und die Einbindung der User bietet weiteres Potenzial: Produktwünsche können abgefragt, Produkttests vorgenommen, usergetriebene Innovation entwickelt werden. Das hat auch den Vorteil, dass Misserfolge minimiert werden können, weil die Marktforschung direkt mit der Zielgruppe erfolgt.

Verantwortlichkeit
Markenmanagement muss eindeutig Chefsache sein. Dazu gehört auch die Kommunikation für Ihre Marke. Und die ist kein Nebenjob.

Weder Sie als Chef noch ein dafür verantwortlicher Mitarbeiter kann Markenkommunikation das so nebenher erledigen. Eine Person, die sich damit auskennt, muss verantwortlich sein und sich voll dieser Aufgabe widmen.

Sie können die Verantwortlichkeit inhouse aufbauen oder mit einem externen Dienstleister (Markenagentur/Werbeagentur) zusammenarbeiten. Welches Modell das richtige ist, lässt sich pauschal nicht beantworten.

Die Vorteile einer Inhouse-Lösung:

- Der Verantwortliche ist näher an der Geschäftsführung, die Wege sind kürzer.
- Der Mitarbeiter ist nur für seinen Arbeitgeber tätig und nicht – wie bei Agenturen üblich – für mehrere Unternehmen.
- Das eigene Unternehmen hat immer Priorität A.

Die Vorteile einer Agenturlösung:

- Spezialisten übernehmen den Job.
- Sie erhalten dadurch die Sicht von außen.
- Die Beratung ist objektiv.

Planung der Markenkommunikation

Ausgangspunkt für die Kommunikationsplanung sind die Brandingelemente: Name, Logo, Claim, ggf. Verpackung. Alles muss passen.

Ein schönes Beispiel für einen harmonischen Markenauftritt ist die Marke Ferrero Rocher. Hier bilden die Brandingelemente eine Einheit:

- Name: Rocher = exklusiv, edel, königlich
- Logo: exklusiv, edel, königlich
- Verpackung: gold, exklusiv, eine goldene Perle in einer Muschel
- Slogan: Ferrero Rocher – vergoldet den Moment

Danach geht es um die Reihenfolge der Kommunikationsplanung. Ich empfehle Ihnen die folgende Reihenfolge:

- Konzept
  - Idee
  - Legen Sie Ihre Kommunikationsziel(e) fest
  - Definieren Sie Ihre Zielgruppe(n)
- Umsetzung
  - Formulieren Sie Ihre Botschaft
  - Planen Sie Ihr Budget
  - Bestimmen Sie die geeigneten Kanäle
  - Kontrollieren Sie Ihre Maßnahmen regelmäßig

Abb. 4.3 zeigt Ihnen, warum ich diese Reihenfolge empfehle: Zunächst brauchen Sie ein Konzept, in das Ihre Ideen einfließen und in dem Sie Ihre Ziele und Zielgruppen

Markenkommunikation

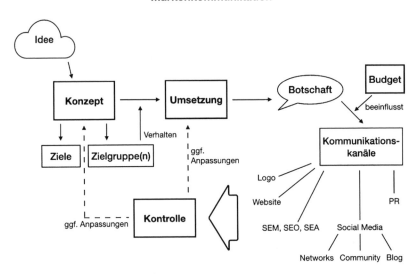

Abb. 4.3 Markenkommunikation. (Quelle: In Anlehnung an Der Kleine Markenleit-faden, https://www.markenleitfaden.com/single-post/2015/11/19/markenf%C3%BChrung-markenkommunikation)

bestimmen. Ohne dass Sie Ihre Ziele und Ihre Zielgruppe festgelegt haben, können Sie keine Botschaft formulieren, da Sie nicht wissen, an wen sie sich wenden und was Sie erreichen wollen. Im Anschluss planen Sie, wie Sie Ihre Ziele mit Ihrem Budget bestmöglich erreichen können und über welche Kanäle das möglich ist. Eine regelmäßige Kontrolle am Ende jeder Kommunikationskampagne gibt Ihnen Aufschluss darüber, ob Sie Ihre Ziele erreicht haben und welche Anpassungen Sie für die nächste Kampagne vornehmen sollten.

Mögliche Kommunikationsziele sind

- Aufmerksamkeit für Sie und Ihre Marke erzeugen
- Bedürfnisse an Ihrem Produkt erzeugen
- Markenbekanntheit erzeugen/erhöhen
- die Einstellung zur Marke beeinflussen
- die Kaufabsicht beeinflussen
- zur Kauferleichterung beitragen

Wichtig: Es bringt Ihnen wenig, mit einer Kampagne alle möglichen Ziele parallel erreichen zu wollen. Denn dann würden Ihre Botschaften generisch. Deshalb überlegen Sie genau, was Sie erreichen möchten, wägen sie die Ziele untereinander ab, bewerten Sie sie nach Wichtigkeiten. Überlegen Sie auch, wie Ihre Kommunikationsziele zu anderen Zielen, z. B. Marketing- und Vertriebszielen, passen.

Bei der Definition Ihrer Zielgruppen legen Sie fest, wen Sie ansprechen wollen:

- bestehende Kunden
- potenzielle Kunden
- Interessenten
- Meinungsbildner bzw. Influencer

Dabei unterscheiden Sie nach

- soziodemographischen Merkmalen (Familienstand, Alter, Einkommen, Bildung, Geschlecht, …)
- Milieus
- Kaufmotiven
- Konsumentenverhalten/Kaufverhalten

Die zunehmende Digitalisierung verändert das Konsumentenverhalten weit vor dem Kauf und das Verhalten im Kaufprozess selbst. Laut den D2C*-Experten von Voycer (*D2C bedeutet Direct-to-Consumer)

- recherchieren gut 50 % der Deutschen vor einem Kauf online
- ist für 20 % das Internet inzwischen die alleinige Informationsquelle
- vertrauen 88 % den Empfehlungen von Freunden oder Onlinebewertungen.

Damit Sie zukünftig einen echten USP erzielen können, muss das Kauferlebnis für die Kunden weit vor deren Kaufentscheidungsprozess gelegt werden. Ihr Ziel muss es sein, mit Ihrer Marke in die Köpfe potenzieller Kunden als First Choice einzudringen und diese bereits vor dem Kauf zu binden.

Und zwar dann, wenn diese sich mit Gleichgesinnten zu bestimmten Themen und Interessen austauschen. Das ist die Phase, um sich frühzeitig als Marke zu relevanten Themen zu positionieren, dem Kunden ein Erlebnis im Kontext Ihrer Marke zu bieten und ihn so an Ihre Marke zu binden.

Markenbotschaft
Treffen Sie eine Aussage, die den Nutzen Ihres Produktes/Ihrer Dienstleistung und die Vorteile eindeutig nennt. Die Reduzierung auf eine Kernaussage bewirkt, dass die positive Produktdarstellung in den Köpfen der Zielgruppe haften bleibt. Wollen Sie bitte nicht zu viel. Versuchen Sie, Ihre Botschaft so stark wie möglich zu konkretisieren und möglichst auf den einen wichtigen Punkt zu fokussieren. Damit vergrößern Sie Ihre Chance, mit Ihrer Botschaft bei Ihrer Zielgruppe erfolgreich zu sein.

Budget
Was steht Ihnen an Budget für die Markenkommunikation zur Verfügung? Und wie planen Sie dieses am besten ein, um Ihre formulierten Ziele erreichen zu können? Ihr Budget beeinflusst auch Ihre Planung der Kommunikationskanäle.

Kommunikationskanäle
Über welche Kommunikationskanäle erreichen Sie Ihre Zielgruppe(n) am effektivsten? Die Auswahl ist groß und wird durch die zunehmende Digitalisierung täglich größer. Trotzdem gehören einige Kommunikationskanäle zur Pflicht jedes Unternehmens, zumal viele davon außer Arbeitszeit und Manpower wenig kosten.

Logo und Claim
Das Logo ist das Gesicht Ihres Unternehmens und damit Ihrer Marke. Der Claim übersetzt Ihr dauerhaftes Versprechen an Ihre Zielgruppe. Beide zusammen sind wie eine Unterschrift oder eine Bestätigung für die Botschaften, die Sie kommunizieren (siehe Abb. 4.3).

Ganzheitliche 360°-Kommunikation

- verbindet passende Kommunikationskanäle sinnvoll und zielgerichtet miteinander
- nutzt die Touchpoints, an denen sich Ihre Zielgruppe aufhält und mit dem Produkt in Berührung kommt
- umfasst Analyse, Planung, Organisation, Durchführung und Kontrolle

Eine Auswahl möglicher Kommunikationskanäle (von denen die meisten gesetzt sein sollten)

- Website als digitale Visitenkarte
- Blog (als Nachweis der Expertise)

- Customer Communities
- Social Media
- SEO (on-/offpage)/SEA, z. B. Google Ad Words
- PR
- Whitepapers
- Corporate Publishing

Beispiel: Kommunikation mymuesli

„mymuesli bietet hochwertiges Bio-Müsli (…), das online (…) gekauft werden kann" (eigene Formulierung des Autors). Passend zu ihrem Haupt-Vertriebskanal fokussierten die Gründer ihre Kommunikation in der Startphase des Unternehmens hauptsächlich online über die Website. Die Interaktion mit der Zielgruppe erfolgte zudem über

- einen Blog (mit Feedback-Möglichkeit)
- Erfahrungsberichte
- selbstgedrehte Spots und Filme
- PR (on- und offline)
- alle seinerzeit gängigen Social-Media-Kanäle
- einen gesonderten B2B-Bereich

Es gab Interaktionen mit der Zielgruppe zu Produktneuheiten, zu Kritik aus der Zielgruppe, zu Produkten und Verpackungen. Das Unternehmen bezog seine Kunden in Entscheidungsprozesse ein und erhielt dadurch wertvollen Input und über die Kanäle der Kunden auch zusätzliche Reichweite (Earned Media). Das Unternehmen war so sehr nah an seinen Kunden und die Kunden waren immer auf dem aktuellen Stand, wenn es um Neuigkeiten aus dem Unternehmen ging.

Beispiel e-bot7

Das Tech-Start-up e-bot7 automatisiert Kundengespräche durch eine digitale Plattform für Konversations-KI. Passend dazu kommuniziert das Unternehmen über

- die Corporate Website, auf der die Plattform getestet werden kann
- einen Blog
- LinkedIn als B2B-Kanal
- Pressemitteilungen und Interviews
- e-books zum Thema KI
- Webinare über KI im Kundenservice
- Podcasts über Chatbots und Konversations-KI
- Fallstudien über erfolgreiche Projekte

Sämtliche Marketingmaßnahmen erfolgen rund um das Thema KI/Konversations-KI und zahlen auf die Marke und ihre Positionierung ein. Über die Interviews kommt der menschliche Faktor hinzu, wodurch ein sehr schönes ,Gegenwicht' zu dem sonst sehr technischen Thema entsteht. Ein sehr technisches Thema wird so auf eine emotionale Ebene gehoben.

Exkurs: Communities
Ein geeignetes Instrument zur Kundenbindung vor dem Kauf ist eine eigene Customer Community, eine Online-Plattform

- als Treffpunkt für den wechselseitigen Austausch von Meinungen, Erfahrungen und Informationen zum Austausch über gemeinsame Interessen an einem Thema – einem Thema, das zur Marke passt
- auf der User selbst Beiträge zu vorgegebenen Themen erstellen können, Fragen stellen und Antworten geben können, die dort gleich diskutiert werden
- auf die User Daten hochladen können, wie Fotos und Videos
- für die Interessierte sich registrieren und ein Profil erstellen müssen.

Ab einer bestimmten Größe bietet eine Community weitere Vorteile für ein Unternehmen:

- Gewinn wertvoller Kundendaten, die wichtige Information für die Produktentwicklung, Produktion, den Einkauf und das Marketing liefern
- Entwicklung User-getriebener Innovationen durch gezielte Einbindung der User in Produkttests bis zu Produktentwicklungen
- Kosteneinsparungen beim After-Sales-Service durch „Kunden-helfen-Kunden-Ansätze"
- Neue Leads durch Empfehlung durch Community-Mitglieder

Exkurs: Pressearbeit
Wenn Sie etwas zu berichten haben, kann gute und vor allem gezielte Pressearbeit Gold wert sein. Und als Start-up sollten Sie etwas zu erzählen haben.

Die Pressearbeit sollte das Sprachrohr Ihres Unternehmens sein. Sie erzielen durch sie eine hohe Reichweite, teilweise ist eine zielgruppengenaue Steuerung möglich und sie ist mit geringem Mitteleinsatz umsetzbar. Zudem bietet sie Verlinkungsmöglichkeiten auf Ihre Online-Präsenz. Abb. 4.4 zeigt die unterschiedlichen Möglichkeiten auf, die Ihnen zur Verfügung stehen.

Wenn Sie sich an bestimmte Regeln halten, dann ist eine gute Pressemitteilung kein Hexenwerk. Achten Sie auf diese acht wichtigsten Punkte:

PR: Mögliche Kommunikationskanäle

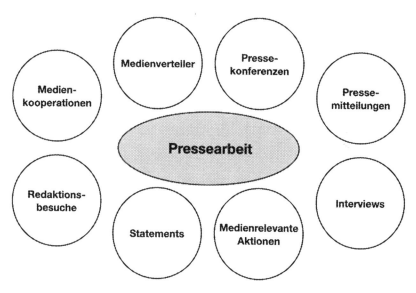

Abb. 4.4 PR. (Quelle: Der Kleine Markenleitfaden https://www.markenleitfaden.com/sin gle-post/tipps-für-die-pr-arbeit-von-start-ups)

- Sie brauchen eine gelungene Überschrift, die Aufmerksamkeit erzeugt und zum Lesen animiert.
- Sie bleiben bitte immer objektiv – es geht nicht um Werbung für, sondern um Informationen über Ihr Unternehmen/Produkt, also keine Werbetexte und keine Superlative.
- Schreiben Sie klar und möglichst eindeutig, nutzen Sie nicht zu viele Fachausdrücke, denn Journalisten und Redakteure sind im Zweifel keine Fachleute, und Ihre Zielgruppe wahrscheinlich auch nicht. Zumindest nicht in dem Maße, wie Sie es sind.
- Schreiben Sie das Wichtigste zuerst – im ersten Satz steht immer wer, was, wann, wo, wie
- Tell only one story – auch wenn Sie viel zu erzählen haben, fokussieren Sie sich auf ein Thema.
- KISS – Keep it short and simple.
- Erzählen Sie spannend, ohne Prosa.

- Schreiben Sie in der 3. Person: Die Pressemitteilung ist eine Information über Ihr Unternehmen/Produkt.

Nachfolgend einige Tipps für die Pressearbeit in Start-ups

1. Verantwortlichkeit

Pressearbeit ist keine Disziplin, die Sie als Chef (oder ein x-beliebiger Mitarbeiter) nebenher erledigen. Eine Person, die sich damit auskennt, muss verantwortlich sein und sich voll der Aufgabe widmen.

2. Inhouse oder extern?

Ihre Presseaktivitäten sind Teil der Markenkommunikation. Die Verantwortung kann inhouse liegen oder Sie arbeiten mit einem externen Dienstleister zusammen. Nachfolgend nochmals die Vorteile beider Modelle (vgl. S. 23):

- Der Vorteil einer Inhouse-Lösung: Die Pressestelle ist näher dran an den anderen Mitarbeitern und an der Geschäftsführung, die Wege sind kürzer.
- Außerdem: Der Presseverantwortliche ist nur für seinen Arbeitgeber tätig und nicht – wie bei Agenturen üblich – für mehrere Unternehmen. Somit hat das eigene Unternehmen auch immer Priorität A.
- Der Vorteil beim Outsourcen: Presseagenturen sind Spezialisten bzw. Profis. Bezüglich der Kosten kommt es auf ein Rechenexempel an, welche Variante zu bevorzugen ist.

3. Klare Auffindbarkeit

Sie sollten auf Ihrer Webseite einen deutlich zu erkennenden, übersichtlich gestalteten Pressebereich (Pressebutton) installieren. Ganz wichtig ist, dass auf dieser Seite ein Ansprechpartner für die Journalisten mit Telefondurchwahl und E-Mail-Adresse genannt – und am besten auch mit Foto gezeigt – wird.

Journalismus ist ein schnelles Geschäft, Journalisten haben daher keine Lust, im Nebel zu stochern, in der Warteschleife der Zentrale zu hängen oder an info@-Adressen zu schreiben, die im Zweifel erst nach geraumer Zeit da ankommen, wo sie ankommen sollen.

4. Presseinhalte zum direkten Gebrauch

Der Pressebereich im Internet ist für Journalisten eine wichtige Recherchequelle. Je mehr relevante Information auf diesen Seiten steht, desto besser. Ganz wichtig ist ein Factsheet mit allen wichtigen Punkten zum Unternehmen (Gründungsdatum, Geschäftsführer, Anzahl Mitarbeiter, Geschäftsgegenstand etc.). Aus dieser Übersicht sollte unbedingt hervorgehen, was genau Ihr Unternehmen macht und wieso es besonders ist. Es sollte stets aktuell und – damit der Leser die Aktualität erkennt – mit einem Datum versehen sein. Zusätzlich sollten alle Ihre Pressemitteilungen online abrufbar sein, des weiteren Fotos, vor allem von Ihnen, dem Geschäftsführer. Auch bereits erschienene Artikel, Radiobeiträge, Filme etc. über das Unternehmen sollte man veröffentlichen.

5. Pressemitteilungen

Pressemitteilungen (PM) sollten nur dann verfasst und veröffentlicht werden, wenn es wirklich etwas Neues zu vermelden gibt. Aber diese Regel können Sie als junges Unternehmen locker dehnen, schließlich passiert bei Ihnen dauernd etwas Neues. Viel wichtiger ist, dass der Pressetext (bzw. das zusätzliche Anschreiben) in den ersten Zeilen (und schon in der Überschrift) neugierig macht. Gut ist, in die PM mindestens ein Zitat von Ihnen als Geschäftsführer einzubauen. Und natürlich stehen am Ende die Kontaktdaten des Ansprechpartners in Ihrem Unternehmen.

6. Bildmaterial

Häufig fehlt jungen Unternehmen gutes Bildmaterial. Dabei wollen viele Redaktionen Fotos veröffentlichen. Daher gilt: Lassen Sie von einem Profi Fotos machen. Und zwar ganz unterschiedliche: Im Hoch- und im Querformat, alle Geschäftsführer auf einem Foto, jeder einzeln, das gesamte Team, eine Auswahl an Produkten. Klären Sie ab, wer die Rechte am Foto hat. Kennzeichnen Sie klar, dass diese Rechte bei Veröffentlichung genannt werden müssen.

7. Zeitnah liefern

Der Presseverantwortliche sollte die Wünsche der Journalisten erfüllen. Meist bedeutet das, schnell ein Foto zu verschicken, schnell einen Interviewtermin mit dem Gründer zu verabreden oder schnell ein Zitat zu besorgen. Die Betonung liegt hier auf: schnell.

8. Eigeninitiative entwickeln

Natürlich darf ein Pressesprecher nicht nur darauf warten, dass ein Journalist bei ihm anruft oder zufällig auf der Webseite vorbeikommt. Er muss sein Unternehmen aktiv bekannt machen, das heißt, auf die Medien zugehen. Und zwar auf möglichst viele, vor allem aber auf die relevanten. Welche sind das? Für Sie als Gründer sind das zuallererst Gründerformate. Außerdem lokale Medien. Aber auch die etablierten Fach- und Publikumsmedien sollte man nicht scheuen. Denn die versprechen Reichweite und damit die Möglichkeit, die allgemeine Bekanntheit Ihrer Marke schneller aufzubauen. Sie müssen sich immer fragen: Welches Medium könnte sich für uns bzw. unser Produkt interessieren?

9. Zielperson

Bevor Sie auf die Medien zugehen, sollten Sie herausfinden, wer der richtige Ansprechpartner in der Redaktion ist und seine Kontaktdaten erfragen. Eine Mail an info@ oder redaktion@ geht schnell unter. Besser als dem Redakteur (nur) eine Mail zu schicken ist allerdings, ihn (zudem) anzurufen, um sich zum einen persönlich vorzustellen. Zum anderen können Sie direkt auf Ihre E-Mail verweisen.

10. Für jedes Medium die passende Pressearbeit

Gehen Sie auf verschiedene Medien auch unterschiedlich zu. Das gelingt mit einem individuellen, dem Pressetext vorangestellten Anschreiben. Auch hier gilt die persönliche Ansprache.

Stetige Kommunikation ist der Erfolgsschlüssel
Genauso, wie die Analyse und Weiterentwicklung der Markenpositionierung eine stetige Aufgabe bleibt, die niemals ruhen sollte, lebt auch die Markenkommunikation von Beständigkeit.

Stetig zu kommunizieren bedeutet, dass die einzelnen Zahnräder aus der Kommunikationsstrategie sukzessive ineinandergreifen werden und sich dann gegenseitig antreiben können. Denn der ganze Prozess bleibt immer in Bewegung.

Ein ewiges „an, aus, an, aus" hingegen kostet Zeit und Geld, weil sich die Zahnräder nicht richtig warmlaufen können, die Schmierung immer wieder austrocknet, wodurch Reibung entsteht, durch die die Zahnräder nie richtig auf Touren kommen, um sich gegenseitig anzutreiben.

Der Einfluss des Markenmanagements

5

Angefangen beim Marketing-Mix strahlt es auf alle Bereiche im Unternehmen ab (vgl. Abb. 5.1). Denn die Aufgabe des Markenmanagements besteht darin, die Markenerwartungen der Kunden zu befriedigen, die durch das Markennutzenversprechen ausgelöst worden sind.

Um dieser Aufgabe erfolgreich nachkommen zu können, müssen die übrigen Unternehmensbereiche passend zur Markenidentität agieren. Das betrifft im Einzelnen:

- Forschung & Entwicklung (F&E)
- Produktion
- Einkauf
- Marketing
- Personal
- Finanzen

Diese Unternehmensbereiche müssen alle vollumfänglich auf das Konto „Marke" einzahlen. Sei es, über Innovationen durch F&E, Know-how-Gewinn über das Personal, die zum Unternehmen, zur Marke und ihren Werten passenden Partner, die Liquidität des Unternehmens oder die Weiterentwicklung der Produktion. Die einzelnen Zahnräder müssen ineinandergreifen. Hakt eines, kommt der gesamte Markenmechanismus aus dem Rhythmus oder sogar zum Stillstand. Und das bedeutete, dass die Markenerwartungen nicht mehr erfüllt würden.

Fehlende Innovationen durch F&E können zum Beispiel dazu führen, dass eine Marke völlig vom Markt verschwindet. Ein negatives Beispiel ist Nokia. Mitte der 1990er Jahre war die Marke absoluter Marktführer im Handymarkt, noch im Jahr

© Der/die Autor(en), exklusiv lizenziert durch Springer Fachmedien Wiesbaden GmbH, ein Teil von Springer Nature 2021
T. Czerwinski, *Markenentwicklung und Markenführung für Gründer,*
essentials, https://doi.org/10.1007/978-3-658-35505-0_5

45

Einfluss des Markenmanagements intern

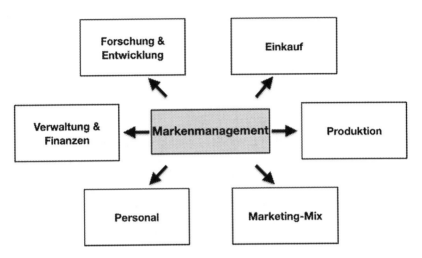

Abb. 5.1 Einfluss des Markenmanagements. (Quelle: eigene Darstellung)

2009 hatte sie satte 38,6 % Marktanteil. Dann wurden die Marktentwicklungen bezüglich des Smartphones falsch eingeschätzt – das Ergebnis ist bekannt.

Bietet eine Marke wie mymuesli Bio-Qualität an, dann sollten auch die Partner, mit denen dieses Unternehmen zusammenarbeitet, zur Marke, ihrem Markenversprechen (Bio) und ihren Werten passen.

Kommuniziert eine Marke wie mymuesli die Möglichkeit von 566 Billiarden Müslivariationen an seine Kunden, dann muss auch die Möglichkeit zur Produktion von 566 Billiarden Müslivariationen bestehen.

Gleiches gilt für die Produktionsmenge. Absatzpotenziale müssen richtig eingeschätzt werden:

- Ist das Produktionsvolumen zu groß, entsteht ein hoher Absatzdruck. Waren müssen gelagert werden, das erzeugt Kosten und bindet Kapital.
- Ist die Absatzmenge kleiner als die Nachfrage, kann diese nicht befriedigt werden, was einen Imageschaden zur Folge haben kann.

Es sei denn, man heißt Apple und die Absatzmenge ist grundsätzlich kleiner als die Nachfrage, weil das zur Marke dazu gehört und sie noch begehrlicher macht. Schafft das Markenmanagement es, den für die Marke richtigen Einfluss auf die anderen Unternehmensbereiche auszuüben und funktioniert damit die interne Markenpolitik, dann besteht eine gute Chance, den Kunden das Markenerlebnis zu bieten, das sie von der Marke erwarten.

Beispiel mymuesli
Mymuesli verfolgt eine stringente Markenführung von innen nach außen. D. h., die Marke (Markenidentität, Markenwerte, Markenpositionierung) wird von den Gründern vorgelebt, von den Mitarbeitern übernommen und dann nach außen in Richtung der Zielgruppe getragen. Das merkt man in allem, was dieses Unternehmen tut: z. B. beim Thema Nachhaltigkeit, wenn konkrete Ideen entwickelt werden, um Emissionen zu reduzieren, nachhaltige Verpackungen herzustellen oder Müll zu reduzieren. Das zeigt sich aber auch an neuen Produktlinien, wie ‚Nilk', über die vegane Bio-Hafermilch angeboten wird. Nur so können die Erwartungen der Kunden, die mit dem einzigartigen Versprechen der Marken verbunden sind, erfüllt werden. Doch das ist noch nicht alles.

Denn möchte eine Marke glaubhaft sein, müssen sämtliche Räder des Unternehmens ineinandergreifen. Das Markenmanagement muss deshalb Einfluss nehmen auf die folgenden Bereiche:

- Produkt: mymuesli bietet Bio an, entsprechend sind auch die Zutaten Bio
- Service: mymuesli bietet individuell mixbares Müsli, auch für Veganer oder Diabetiker
- Partner: auch die Auswahl der Partner passt zur Marke (z. B. Andechser Bio)
- Produktion: 566 Billiarden Müslivariationen könnten produziert werden
- Verpackung: so individuell wie das Müsli
- Kommunikation: der Vertriebskanal war in der Start-up-Phase online und passend dazu erfolgte die Kommunikation
- O-Töne von Kunden/Bestnoten: spiegeln a) die Markenpositionierung wider und werden b) dem einzigartigen Versprechen folgend behandelt – „individuell"
- Distribution: mymuesli bietet gemäß des Markenversprechens Online-Kauf an

Beispiel N26
N26 ist ein Direktbank-Start-up, das sich auf die Kontoführung per Smartphone spezialisiert hat und bei dem die Kunden ihr Girokonto über eine Smartphone-App nutzen können. Das Markenversprechen beeinflusst auch hier sämtliche Unternehmensbereiche.

- Produkt: gebührenfreies Online-Girokonto
- Service: Kundenkontakt über Online-Live-Chat und Push-Nachrichten
- Partner: Mastercard als führendes Unternehmen im Bereich bargeldloses Zahlen
- Kommunikation: hauptsächlich online
- Distribution: Kontoeröffnung ausschließlich online

Die Vorteile einer Marke am Beispiel mymuesli
Eine Marke hat gegenüber der Zielgruppe unterschiedliche Aufgaben. Bei mymuesli wird sie wie folgt eingesetzt:

- als Kommunikationsmittel: Logo und Claim kommunizieren das Markenversprechen. Die Produktverpackung übersetzt die Individualität.
- als Orientierungshilfe: Eine individuelle Verpackung ist Teil der Marke und dient dazu, sich von Konkurrenzprodukten eindeutig abzuheben und zu differenzieren. Zudem dient es der Wiedererkennbarkeit.
- für das Zielgruppenmarketing: z. B. Kommunikation individueller Müslivariationen für Diabetiker, Veganer, Allergiker, ‚Rosinenhasser‘.
- zur Markenbindung: mehrstufiger Prozess, vorausgesetzt, die Marke ist bereits bekannt – Markenrelevanz, Markenpräferenz, Markenfavorisierung, Markenliebe.

Markenmärkte
Der Einfluss des Markenmanagements erstreckt sich nicht nur auf sämtliche Bereiche eines Unternehmens und beeinflusst diese, es prägt auch die unterschiedlichen Märkte, auf denen Ihr Unternehmen tätig ist

- Beschaffungsmarkt
- Kapitalmarkt
- Absatzmarkt
- Personalmarkt

Das heißt, je stärker und beliebter eine Marke ist, je größer ihre Reputation ist, desto stärker ist ihre Position, wenn es um den Einkauf von Gütern geht, um die Beschaffung von Kapital oder um den Absatz der eigenen Produkte. Das wirkt sich auf die Preise aus, die ein Unternehmen ansetzen kann und damit auch auf den Umsatz. Umgekehrt beeinflusst es auch die Preise, die das Unternehmen zahlt. Gleichzeitig wird die Marke spannender im hart umkämpften Markt der High Potenzials! Trotzdem wird das Thema ‚Marke‘ oft nur halbherzig behandelt.

Markenführung im B2B

Das Führen von B2B-Marken ist nicht schwieriger, als eine B2C-Marke zu führen. Gemeinsam haben beide, dass es People-to-People-(P2P)-Geschäft ist.
Die Unterschiede zwischen B2B und B2C bestehen darin, dass

- B2B-Marken weniger neuen Trends und Moden unterworfen sind, die Produktlebenszyklen sind länger.
- die Zielgruppen im B2B-Bereich in der Regel deutlich homogener sind – fundiertes Wissen über sie ist einfacher zu erlangen als in fragmentierten B2C-Märkten.
- die Preishürde höher ist – Impulskäufe kommen nicht vor.
- die geteilte Markenwerte eine größere Rolle spielen – sie verbinden und schaffen Vertrauen
- Personalwechsel sich drastisch auswirken können – was passiert, wenn der ‚Verbündete‘ das Unternehmen verlässt?

Gerade die beiden letzten Punkte verdeutlichen, wie wichtig eine langfristige, punktgenaue und kontinuierliche Pflege und Entwicklung der Markenbeziehung B2B ist und die damit verbundene Kundenbindung. Die dann auch einen Wechsel des Ansprechpartners auf Kundenseite leicht abfedert.

Marke wird im B2B verstanden, aber oft nicht gelebt
Dr. Jürgen Fleig (Redakteur von business-wissen.de) und das Fachmagazin ‚Absatzwirtschaft‘ versuchen das anhand folgender Zahlen darzustellen (Fleig 2012):

- 96 % der Entscheider in B2B-Unternehmen geben an, dass das Thema Marke im B2B Relevanz hat.

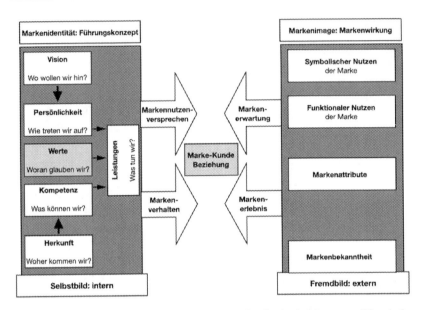

Abb. 6.1 Identitätsbasiertes Markenmanagement. (Quelle: In Anlehnung an Wirtschafts-lexikon Springer Gabler, https://wirtschaftslexikon.gabler.de/definition/identitaetsbasiertes-markenmanagement-33424)

- 75 % halten Markenführung für eine gute Möglichkeit, sich von Wettbewerbern zu differenzieren.
- 62 % haben eine Markenpositionierung in Angriff genommen. Die Mehrzahl bestätigt, dass die Mitarbeiter die Markenwerte nicht verstehen.
- 20 % verzichten gänzlich darauf, die Marke intern zu verankern – mit weit-reichenden Konsequenzen, wie Abb. 6.1 zeigt, denn die interne Verankerung beeinflusst das Markenverhalten und damit das Markenerlebnis der Zielgruppe.

Typische Fehler im B2B-Markenaufbau und in der Markenführung
Markenführung und -pflege werden im gewerblichen B2B-Bereich leider immer noch vernachlässigt. Die Marke scheint dort nicht wichtig zu sein. Denn man hat ja ein gutes Produkt, in guter Qualität, zu einem guten Preis, das schon immer erfolgreich war. Es wird häufig kein Gedanke daran verschwendet, dass neue Wett-bewerber in den Markt drängen könnten, dass es zu einer Krise kommen könnte oder dass sich die Marktgegebenheiten verschieben, z. B. durch die zunehmende Digitalisierung.

Entscheiden sich B2B-Unternehmen doch für den gezielten und strukturierten Markenaufbau, wird dieser häufig als Projekt zur Implementierung generischer Werte falsch verstanden, wie z. B. ,innovativ' oder ,partnerschaftlich'. Damit wird die Chance verpasst, die Marke wirklich zu differenzieren. Auch weil 14 von 16 beispielhaft ausgewählten Themen von mehr als 50 % der Unternehmen kommuniziert werden. Durchschnittlich sind es 10,76 Themen, für die eine B2B-Marke steht. (Fleig 2012) Das ist weit entfernt von einer Fokussierung und Differenzierung.

B2B-Entscheidungen fallen meistens rational. D. h., es wird ausschließlich versucht, über die Produktqualität und den Preis Kunden für sich zu gewinnen. Emotionale Gesichtspunkte spielen kaum eine oder gar keine Rolle.

Die Kundenpflege erfolgt nur durch den Einkauf, den Vertrieb und den Außendienst. Dabei geht es gerade in der Presales- und in der Postsales-Phase um das Customer Relationship Management. Prozesse werden hier deutlich kundenorientierter strukturiert. Das ist die Aufgabe des Marketings.

Andererseits machen B2B-Entscheider den Fehler, die Aufgabe der Markenführung ausschließlich im Marketing zu sehen. Die Aufgabe des Marketings wiederum ist in diesen Unternehmen oftmals untergeordnet und besteht nur aus der Messevorbereitung und ein paar Mailings. Auch das ist nicht zielführend.

Oder die Marke wird separiert von Vertrieb und Marketing behandelt. Mit Blick auf die vorherigen Kapitel beeinflussen Markenstrategie und -positionierung allerdings die einzelnen Unternehmensbereiche und deren Vernetzung. Das betrifft auch das Marketing und den Vertrieb. Es kommt darauf an, einen innerbetrieblichen Prozess zu entwickeln, bei dem die Potenziale der Marke bereichsübergreifend aktiviert werden, und in dem wenige Markenschwerpunkte herausgehoben werden. Die Gefahren einer zu starken Separierung der Unternehmensbereiche sowie eines Anpreisens von zu vielen Facetten werden oft unterschätzt.

Sie stehen noch am Anfang und haben ein tolles, innovatives Produkt (bzw. eine Lösung). Nutzen Sie Ihre Marke, um Ihrer Zielgruppe und allen anderen Ihre Story zu erzählen. Ganz einfach, geradeaus und fokussiert: Warum machen Sie das, was sie tun? Wo wollen Sie hin – wie sieht Ihre Vision aus? Und was macht Ihre Marke so besonders? Sie haben die Möglichkeit zu informieren und zu interessieren und so Awareness aufzubauen und damit Ihr Marketing und Ihren Vertrieb zu ,befeuern'. Ohne dass Sie viel Budget benötigen, sondern indem Sie Ihre Story erzählen.

Aus Ihrer Marke heraus: Entwickeln Sie Leads zu Marketingleads, diese zu Salesleads und dann zu Kunden
Die Digitalisierung wirkt immer stärker auf die Beziehung zwischen Kunde und Unternehmen ein. Verbraucher erwarten eine individuelle Beratung in Echtzeit,

maßgeschneiderte Angebote und jederzeit verfügbare digitale Services. Und ein
nachhaltiges Kundenerlebnis.
Kontaktmöglichkeiten mit potenziellen Kunden bestehen outbound, z. B. über
Newsletter, Messen, AdWords, Netzwerke, wie LinkedIn oder XING bzw. inbound,
z. B. über Ihre Website, einen Blog, Social Media, Webinare, Apps oder PR.
Voraussetzung für eine erfolgreiche Ansprache, die Awareness bei Ihren potenziellen Kunden erzeugt, entsteht nur dann, wenn eine grundsätzliche Relevanz Ihres
Produktes innerhalb Ihrer Zielgruppe besteht. Diese kombinieren Sie mit einem
passgenauen Impact, also Ihrem einzigartigen Nutzenversprechen, das Ihr Produkt
genau dieser Branche bietet und vom Wettbewerb eindeutig differenziert. Daraus
formulieren Sie Ihre Markenpositionierung.

Ihre Ausgangsbasis
Ihre Positionierung im Markt benötigt eine solide Marketingbasis. Diese besteht aus
vier Säulen:

1. **Expertise:**

Diese müssen Sie an allen Kontaktstellen mit Ihrer Marke klar und deutlich
herausgearbeitet haben, d. h.

- Besonderheit
- spezielle Vorteile für Ihre Zielgruppe
- USP

2. **Erfolge:**
   - Referenzprojekte
   - Case Studies
   - Bewertungen

3. **Entwicklung (F&E):**
   - Neuigkeiten
   - Weiterentwicklungen
   - Neuentwicklungen
   - Partnerschaften

4. Empathie:

Empathie bedeutet, genau zuhören, um so Emotionen, Gedanken, Motive, Ziele Ihrer Zielgruppe zu erkennen, zu verstehen und nachzuempfinden, um daraus Rückschlüsse zu ziehen, bezogen auf

- das eigene Produkt
- das Angebot
- den angebotenen Content

» Ein persönlicher Kommentar: Können Sie zuhören, dann ist das eine Fähigkeit, die viele Ihrer Wettbewerber nicht haben.

Ihre Zielgruppe

Standardmäßig versuchen B2B-Unternehmen, die Entscheidungsträger zu erreichen. Das ist absolut sinnvoll bei kleinen Unternehmen. Wenn Sie mittelständische Unternehmen oder Konzerne ansprechen, müssen Sie alle Kaufentscheider einbeziehen.

Laut Harvard Business Review (Zucker 2015)

- steigt die Zahl der Personen, die die Kaufentscheidung beeinflussen, in Unternehmen mit einer Teamgröße von 100 bis 500 Mitarbeitern auf 7 Personen
- erfolgt die Vorauswahl von Partnern über das Mid-Management
- handelt es sich bei den Mid-Managern meist um Fachexperten

Schaffen Sie es, eine Beziehung zu diesen Fachexperten aus dem Mid-Management aufzubauen, die keine Entscheidungsträger sind, aber möglicherweise an Ihrem Produkt interessiert sein könnten, dann haben Sie eine gute Möglichkeit, tiefergehende Informationen über Ihren Kunden zu erhalten, z. B.

- Einblicke in die Ziele Ihres Zielkunden
- Bedürfnisse Ihres Zielkunden
- Sorgen Ihres Zielkunden

Und Sie gewinnen einen treuen Influencer (Opinion Leader), der Sie unternehmensintern unterstützt.

Ist ein Opinion Leader einmal Ihr Verbündeter, profitiert Ihre Marke von dessen Lobbying, denn Opinion–Leader beziehen Stellung zu Produkterfahrung, stellen sich als Referenzen zur Verfügung und geben ihre Überzeugungen preis. Damit liefern sie Ihnen zusätzlichen Content und Sie können Ihr „Storytelling" durch „Storysharing" ergänzen. Durch geteilte Geschichten entsteht „Earned Media". Und Ihre Marke wird emotional aufgeladen.

Der Weg zum MQL (Marketing Qualified Lead)
Der Weg zum MQL besteht aus fünf Stufen, auf denen Sie Ihren Lead mit entsprechendem Content aus Ihrer Marke heraus sukzessive weiterentwickeln, indem Sie ihm das richtige Erlebnis mit Ihrer Marke ermöglichen:

- Ihr Lead will sich informieren.
- Ihr Lead stößt auf Begriffe, Themen oder Methoden, die er nicht oder nicht ausreichend kennt und will sich dazu befähigen.
- Ihr Lead hat sich befähigt und möchte die Lösungen und Varianten evaluieren.
- Ihr Lead hat einen Überblick über Lösungsmöglichkeiten und bewertet diese.
- Ihr Lead ist überzeugt und interessiert sich für Preise/Konditionen und er will sein Buying-Center/seinen Einkauf/seine Geschäftsleitung überzeugen und Ihre Marke empfehlen.

Auf dem Weg zum MQL ist es Ihre Aufgabe, bei Ihrem Lead Vertrauen aufzubauen, ihn zu inspirieren und letztendlich zu überzeugen. Vertrauen erzeugen Sie über geteilte Werte: Nur wenn Ihre Marke für Ihren Lead einen höheren, relevanten Nutzen darstellt, wird er sich mit ihr identifizieren und sich an sie binden.
Schaffen Sie es, Ihren Lead zu inspirieren, dann fördern Sie Emotionen bei diesem und steigern das Interesse an Ihrem Produkt bzw. Ihrer Marke. Sie fördern:

- die Bereitschaft ein Produkt/einen Service zu testen
- die Entscheidungsgeschwindigkeit Ihres Leads
- die Wahrscheinlichkeit, dass das Produkt/der Service tatsächlich gekauft wird
- die langfristige Verhandlungsbereitschaft
- die Bereitschaft, einen Premium-Preis zu bezahlen
- die Toleranz gegenüber späteren Preissteigerungen
- die Unangreifbarkeit der Dienstleister-Kunden-Beziehung durch Wettbewerber.

Wollen Sie Ihren Lead überzeugen, brauchen Sie Argumente, die ihm weiterhelfen, z. B.

- vereinfachte Argumentationsketten
- eingängige Produkt- sowie Live-Demonstrationen

- lösungsorientierte Inhalte

Eines sollten Sie sich während des gesamten Prozesses vor Augen halten: Mid-Manager (Opinion Leader) wollen ihr Risiko minimieren, bei Fehlentscheidungen zur Verantwortung gezogen zu werden. Das heißt im Umkehrschluss:

- Sie legen viel Wert auf gegenseitiges Vertrauen, weil sie wissen, dass sich hundertprozentige Sicherheit nicht in Verträge packen lässt.
- Sie schätzen Konstanz, um sich nicht dauernd nach neuen Partnern umsehen zu müssen.
- Sie wollen Qualität, Service und individuelle Betreuung, weil sie sich selbst und ihre Anforderungen als etwas Besonderes sehen und nicht mit anderen Kunden in einen Topf geworfen werden wollen.
- Sie wollen einen Partner, der auf Augenhöhe interagiert und zu deren Problem-löser wird (der neue ROI heißt ‚Return on Involvement')

Für die Ansprache von Opinion Leadern spielen die Markenwerte eine große Rolle. Der Mensch verbindet sich lieber mit Menschen, die die gleichen Werte teilen, wie er selbst. Denn Werte schweißen zusammen und schaffen Vertrauen.

Haben Sie es geschafft – mithilfe Ihrer Marke und ihrem Leistungsversprechen – Ihren Lead zu einem MQL weiterzuentwickeln, startet die nächste Phase auf dem Weg zum Kunden.

Der Weg zum SQL (Sales Qualified Lead) und von dort zum Kunden
Der Weg zum SQL startet mit dem Erstgespräch durch das Vertriebsteam und endet mit der Qualifizierung zum SQL. Beschreiten Sie diesen Weg erfolgreich, können Sie den SQL über ein passendes Angebot zum Kunden machen. Die folgenden Schritte müssen Sie dabei zurücklegen:

- Erstgespräch durch das Vertriebsteam
- Bedarfsanalyse (was braucht der potenzielle Kunde überhaupt?)
- Lösungspräsentation
- Qualifizierung (zum SQL)
- Angebot
- Nachfassen bzw. verhandeln
- Abschluss

In jeder Phase Ihres Weges zum Abschluss (und auch darüber hinaus) sollten Sie eine Möglichkeit für eine Rückkoppelung zum Marketing-Content bereithalten:

- Stellen Sie fest, dass sich bei Ihrem SQL die Entscheidung verzögert, ob er Ihr Angebot annehmen soll, sollten Sie Ihren Content-Prozess aus der ‚MQL-Phase' nutzen, um ihrem Lead zusätzliche Sicherheit zu geben.
- Dauert die Akquisitionsphase länger, können Sie den Marketing-Content-Prozess nutzen, um die Prozessschritte zu unterstützen und eventuell sogar zu beschleunigen (Argumentationskette).
- Haben Sie Ihren Lead erfolgreich zum Abschluss geführt, können Sie die Content-Prozesse nutzen, um die Bereiche After-Sales, Cross- und Up-Selling zu unterstützen.
- Auch bei drohendem Kundenverlust haben Sie so die Möglichkeit, Abwanderungstendenzen zu erkennen und dem Kundenverlust vorzubeugen.

Kontrolle
Auf dem gesamten Weg vom Interessenten zum Kunden haben Sie sukzessive Learnings und wissen

- welche Kanäle und welche Ansprachen welche Leads generiert haben
- wie viele Leads sich in welchem Stadium im Leadprozess befinden
- wie sich die Conversion Rates von Stufe zu Stufe gestalten
- an welchen Stellen Sie Leads verlieren
- wie sich die Durchlaufzeiten von Leads durch Ihren Leadprozess gestalten
- was Sie im Vertrieb und Marketing ggf. verändern müssen, um ihre Ziele zu erreichen.

Nachfolgend einige Beispiele, wie Sie Content nutzen können, um Ihre vier Es (Expertise, Erfolge, Entwicklung, Empathie) emotional aufzuladen und damit die Beziehung Ihrer Marke zu Ihrem Lead zu intensivieren.

Markenstärkung durch Content Marketing
Die folgenden Beispiele geben Ihnen einen Überblick, mit welchen Content-Formen Sie auf die vier Es Ihrer Marke (Expertise, Erfolge, Entwicklung, Empathie) einzahlen können und begründen, warum das so ist:
  Blogbeiträge/Fachartikel

- Darstellung der fachlichen Kompetenz
- Möglichkeit, Mehrwert zu bieten (brachenbezogen)
- Bekanntheitsgrad steigt
- Weiterempfehlungsrate kann erhöht werden
- eine Kommentarmöglichkeit bietet die Chance auf Feedback
- mess- und skalierbar

Studien & Whitepaper

- Darstellung der fachlichen Kompetenz
- Möglichkeit, Mehrwert zu bieten (brachenbezogen)
- Content für kostenfreien Download bei Registrierung mit E-Mail-Adressen
- Bekanntheitsgrad steigt
- Weiterempfehlungsrate kann erhöht werden
- mess- und skalierbar

Case Studies

- erfolgreiche Projekte präsentieren
- Lösungen in Bezug auf ein explizites Problem oder Aufgabengebiet
- mess- und skalierbar

Webinare

- zum eigenen Produkt, mit Praxisbeispielen, die spezifische Problemlösungen, Thematiken o. ä. in den Mittelpunkt rücken
- kosteneffiziente Form der Leadgenerierung
- Generierung von Kontaktdaten im Rahmen einer Registrierung des Interessenten
- direkter Kontakt
- fester Termin
- Fragerunde, um Themen intensiver zu beleuchten, weitere Expertise zu zeigen, Kontakte zu vertiefen und vor allem, um **zuzuhören:** Probleme, Fragestellungen, Ziele erkennen
- adäquate Offerten am Ende
- mess- und skalierbar

Diskussionen/Foren, z. B. eine eigene B2B-Community

- User müssen sich registrieren und ein Profil erstellen
- wechselseitiger Austausch von Meinungen, Erfahrungen und Informationen
- fachliche Diskussionen zu vorgegebenen Themen
- branchenbezogene Gruppen/Foren/Themen – skalierbar
- die Möglichkeit, zuzuhören: Feedback, Kritik, Probleme, Fragestellungen, (Ziele)
- Gewinn wertvoller Kundendaten, die hilfreiche Information liefern – für Produktentwicklung, Produktion, Einkauf, Marketing

- Entstehung User-getriebener Innovationen durch gezielte Einbindung der User in Produkttests bis hin zu Produktentwicklungen
- After-Sales-Service durch „Kunden-helfen-Kunden-Ansätze"
- Neue Leads durch Empfehlung durch Community-Mitglieder

Der gute, alte Newsletter

- personalisiert und bedarfsangepasst
- branchenbezogen
- Abo-Möglichkeit am Ende jedes Blogbeitrags, Fachartikels, etc.
- mess- und skalierbar

Soziale Netzwerke (LinkedIn, XING, Facebook, Instagram, Tik Tok):

- Kontaktanbahnung (über Fachartikel, Foren)
- neue Kontakte (Leads)
- wechselseitiger, fachlicher Austausch von Meinungen, Erfahrungen und Informationen
- Präsentation von Neuheiten und Erfolgen
- branchenbezogene Gruppen/Foren/Themen
- die Möglichkeit, zuzuhören: Feedback, Kritik, Probleme, Fragestellungen, (Ziele)
- Bekanntheitsgrad steigern
- mess- und skalierbar

Gastartikel in Fachmagazinen (online/offline)

- Darstellung der fachlichen Kompetenz
- Möglichkeit, Mehrwert zu bieten
- Bekanntheitsgrad steigt
- Weiterempfehlungsrate erhöhen
- eine Kommentarmöglichkeit bietet die Chance auf Feedback
- messbar

Google Ranking

- aus dem Content heraus
- in Verbindung mit Google AdWords
- mess- und skalierbar

Nutzen Sie Ihre Startposition, um aus Ihrer Marke heraus Vollgas zu geben, für Ihr Produkt, die damit verbundene Vision, um sukzessive Awareness aufbauen, indem Sie Ihre Story erzählen. Authentisch. Je authentischer Sie sind, desto glaubhafter wirken Sie und umso leichter fällt es Ihnen, Vertrauen bei Ihrer Zielgruppe aufzubauen – gerade B2B ist Vertrauen elementar für eine langfristig funktionierende Geschäftsbeziehung. Ihre Marke liefert Ihnen den Content für Ihr Marketing und Ihre Vertriebsaktivitäten.

Purpose und Nachhaltigkeit

7

7.1 Der Nutzen des Purpose für die Marke

Marken- und Marketingverantwortliche arbeiten in Kampagnen heute oft mit einem Purpose, was nichts anderes als Zweck oder Ziel bedeutet. Es geht dabei um die Beantwortung der Fragen „Warum?" und „Was?", also um die Gründe, warum ein Unternehmen das tut, was es tut, entwickelt, produziert und anbietet. Der Nutzen für die Allgemeinheit tritt hierbei in den Vordergrund. Es geht darum, eine Lösung für ein ganz bestimmtes „Problem" oder einen „Missstand" zu liefern – wobei der Nutzen des Produktes keinesfalls nachrangig behandelt werden darf, denn wenn es keinen Nachfragemarkt gibt, dann nutzt auch ein Purpose wenig.

Der eigentliche Zweck ist substanzieller Bestandteil einer Marke, beeinflusst die zukünftige Ausrichtung eines Unternehmens und damit unmittelbar die formulierten Businessziele. Er entsteht – wie die Marke – aus der Vision heraus und ist verbunden mit den Kernkompetenzen des Unternehmens.

Der eigentliche Zweck ist Teil der Markenidentität und ihrer Werte. Damit bestimmt er die Haltung und die Handlungen einer Marke mit, auch in kritischen Zeiten. Deshalb sollten die Mitarbeiter immer frühzeitig und grundsätzlich einbezogen werden, um die Marke einheitlich von innen nach außen zu leben. Denn nur, wenn eine Marke von allen im Unternehmen ehrlich gelebt wird, kann sie glaubhaft sein.

Der Schlüssel zum langfristigen und nachhaltigen Erfolg einer Marke liegt in der Customer Loyality, die durch Differenzierung in Form von Emotionalisierung und Individualisierung des Produkts erzeugt wird. Denn wenn Produkte immer ähnlicher, Preise immer kompetitiver und Märkte immer transparenter werden, wird zugleich das Kundenerlebnis immer ausschlaggebender.

© Der/die Autor(en), exklusiv lizenziert durch Springer Fachmedien Wiesbaden GmbH, ein Teil von Springer Nature 2021
T. Czerwinski, *Markenentwicklung und Markenführung für Gründer,* essentials, https://doi.org/10.1007/978-3-658-35505-0_7

Kunden wollen eine Marke emotional wahrnehmen und von ihr inspiriert werden. Marken, denen das gelingt, können eine tiefe emotionale Bindung zu ihren Kunden aufbauen. Die Marke verankert sich in den Köpfen der Kunden und in deren Unterbewusstsein, also da, wo die emotionalen Entscheidungen getroffen werden, und sie kann dort zur First Choice werden.

Das gilt B2C wie B2B.

Am Ende geht es immer um etwas zutiefst Emotionales: um Vertrauen. Menschen suchen Vertrautes, weil ihnen das Sicherheit gibt. Menschen suchen nach Spiegelbildern ihrer selbst, weil dies ihre Entscheidungen vereinfacht. B2B-Entscheider wollen eher die Nähe zu Marken, hinter deren Haltung und Werten sie selbst bzw. ihr Unternehmen stehen, Partner, die zur eigenen Markenpositionierung passen.

Ein wirklicher Zweck bietet einen Pool an Möglichkeiten für Storytelling und Storysharing. Denn Gutes erzählt sich gut. Und gerade B2B-Marken leben von spannenden Themen, über die sie sich differenzieren können, indem sie ihre Kompetenz zielgerichtet darstellen.

Auch die Empfehlungsbereitschaft wird signifikant höher. B2B-Marken, die nachhaltig oder verantwortungsvoll produzieren, haben eine größere Chance, starke Markenbotschafter hervorzubringen. Sie erreichen bei ihren Zielgruppen schneller und nachhaltiger Loyalität und eine höhere Reputation. Das hat auch in Krisenzeiten Vorteile.

Ein wirklicher Zweck kann auch für das Employer Branding entscheidend sein. Denn Unternehmen, die den Sinn Ihres Tuns gegenüber (potenziellen) Mitarbeitern aufzeigen können, haben ein starkes Argument. Weil gerade die Generation der Millenials großen Wert auf die Sinnhaftigkeit ihrer Arbeit legt.

Ein guter Zweck kann zudem Preisvorteile bringen. Denn viele Verbraucher sind eher bereit, für sinnvolles und „gutes" Verhalten oder ethisch wertvolle Produkte mehr Geld auszugeben. Und sei es nur, um das eigene Gewissen zu beruhigen. Ein gutes Argument für das Gespräch mit dem Einkäufer des Partnerunternehmens.

Es geht also darum, dass eine Marke einen wirklichen Zweck hat. Dieser ist Teil der Markenidentität und ihrer Werte. Ob Sie den Zweck Ihres Unternehmens Purpose nennen oder nicht, überlasse ich Ihnen. Wichtiger ist es, dass Sie erkennen, welchen Einfluss er auf Ihre Marke und auf Ihren Erfolg oder Misserfolg haben kann.

7.2 Markenführung mit ökologisch nachhaltigen Produkten

In den meisten Märkten herrscht harter Wettbewerbsdruck. Ein einzigartiger Produktvorteil oder sogar ein USP lassen sich oftmals nur noch schwer finden. Diversifikation und Produktinnovationen sind zwingend, F&E sind im Dauereinsatz. Das reicht jedoch nicht aus, denn Produkte und Dienstleistungen gleichen sich stetig an. Eine Differenzierung ist so schwer zu erreichen. Das betrifft etablierte Unternehmen genauso, wie Sie als Start-up.

Es ist das Erlebnis mit der Marke, worauf Unternehmen verstärkt setzen (müssen), um sich vom Wettbewerb differenzieren zu können. Es geht um Lebensgefühle und Anerkennung. Verkauft werden Erlebniswelten, Prestige, Statussymbole. Das Produkt spielt dabei innerhalb des Markenversprechens nur eine untergeordnete Rolle.

Dieses Vorgehen setzt allerdings eine konsequente Markenführung durch Sie voraus, die langfristig ausgelegt ist und einer eindeutigen Markenstrategie folgt. Und die das Ziel hat, sich nachhaltig im Unterbewusstsein der Zielgruppe festzusetzen und dort sein eigenes Terrain für die Marke zu erobern und zu verteidigen. Um im Bedarfsfall als erste oder besser einzige Option infrage zu kommen.

Über das Thema „ökologische Nachhaltigkeit" können Sie ein solches Terrain abstecken. Denn gerade das Thema Nachhaltigkeit bietet noch zahlreiche Lücken, die Marken exklusiv für sich besetzen können. Egal ob als B2B- oder B2C-Marke.

Der Klimawandel und seine Folgen, auch für die Wirtschaft, ist dieser Tage in aller Munde. Eine Flut an Informationen strömt täglich auf jeden von uns ein. Damit einher geht ein sehr viel differenzierteres Hintergrundwissen und Verständnis der Menschen in puncto Nachhaltigkeit, die stetig weiter in den Fokus der Konsumenten rückt. Dazu kommen politische Vorgaben an die Unternehmen.

Für die Zukunftsfähigkeit von Unternehmen wird das Thema Nachhaltigkeit deshalb ein elementarer Faktor, der zukünftig insbesondere im Bereich der Kundengewinnung und -bindung eine zentrale Rolle einnehmen kann. Gerade für B2B-Marken kann das interessant sein. Denn die werden von Firmenkunden und Kapitalgebern hinsichtlich ihrer Nachhaltigkeitsleistungen, gerade aus ökologischer Sicht, zunehmend unter Druck gesetzt.

Abb. 7.1 Öko-Markenmanagement. (Quelle: Der Kleine Markenleitfaden, https://www.mar kenleitfaden.com/single-post/%C3%B6kologisch-nachhaltiges-markenmanagement)

Ökologisch nachhaltige Produkte gehören zwar immer noch einer Nische an. Das bedeutet jedoch nicht, dass das eigentliche Thema für die breite Masse uninteressant wäre und die zugehörigen Unternehmen diese Verbraucher nicht erreichen könnten. Im Gegenteil. Die Nische eignet sich für eine sehr persönliche Markenführung mit dem Ziel, dauerhafte Beziehungen zu Kunden aufzubauen. Und gleichzeitig könnten Sie das Thema nutzen, um Ihre Zielgruppe auf dieser Basis stetig zu erweitern.

Ein schönes Beispiel bietet das Berliner Start-up PlantLX, das pflanzlichen Käse herstellt. Das Unternehmen bezeichnet sein Produkt ganz bewusst als „pflanzenbasiert" statt „vegan". Durch diesen geschickten Winkelzug wird ein rein veganes Produkt auch für Konsumenten interessant, die keine Veganer aber am Thema ökologische Nachhaltigkeit interessiert sind.

Anders, aber in die gleiche nachhaltige Richtung, agiert Numi Tea. Das Unternehmen finanziert mit einem Teil seiner Einnahmen die Non-Profit-Organisation ‚Together for H2OPE'. Diese setzt sich dafür ein, dass landwirtschaftliche Gemeinschaften sauberes Trinkwasser erhalten. Numi Tea nutzt die Verpackung des Tees und weist dort auf sein nachhaltiges Engagement hin.

Beide Beispiele beschreiben, wie das Thema ökologische Nachhaltigkeit dazu genutzt werden kann, seine Zielgruppe auf eine breitere Basis zu stellen und damit zweifach auf die Marke einzuzahlen: über den Verkauf der Produkte und über dazugewonnenes Image für die Marke. Wichtig dabei ist, dass die Unternehmen glaubhaft agieren. Denn Glaubhaftigkeit bildet die Grundlage für Vertrauen, auf dem eine langfristige Kundenbindung basiert und wachsen kann.

Doch wie soll eine Marke glaubwürdig sein, wenn sie nicht hält, was sie verspricht? Das Internet bietet jederzeit die Möglichkeit, die Aussagen von Unternehmen zu überprüfen. Das Storytelling allein reicht nicht aus, die Unternehmen müssen nachweisen, dass das, was sie versprechen, wirklich und auch dort passiert, wo es passieren soll.

Ein anderer Punkt ist Authentizität. Damit ein ökologisch nachhaltiges Engagement von der Gesellschaft und der Zielgruppe wahrgenommen und mit einer Marke in Verbindung gebracht wird, muss es zu dieser passen. Und zu der Marke passen kann ein Engagement nur, wenn es mit deren Markenwerten in Einklang ist. Nachhaltigkeit muss vom Unternehmen selbst gelebt werden – nach innen. Denn nur, wenn sich alle im Unternehmen mit den Markenwerten identifizieren können und wollen, werden diese auch später von allen gelebt und es wird nach ihnen gehandelt. Es geht hier um die Beantwortung folgender Fragen: In welchem Markenwert finden wir uns als Unternehmen wieder? Welche Markenwerte können wir glaubhaft kommunizieren?

Damit sind wir wieder bei dem so wichtigen Punkt, dass eine Marke nur dann funktionieren und erfolgreich sein kann, wenn sie von innen nach außen gelebt wird. Neben den Produktleistungen sind die Mitarbeiter das Herz und der Kopf einer Marke und bilden zugleich den Ausgangspunkt zur Umsetzung der eigenen Nachhaltigkeit und dem damit verbundenen Markenerlebnis. Nur wenn deren Markenverhalten stimmt, kann das Markennutzenversprechen eingehalten werden. Das Team, das mit den Kunden in Berührung kommt, muss das Markennutzenversprechen angemessen nach außen tragen. Dafür ist es notwendig, dass im Team Identifikation und Bewusstsein für eine nachhaltige Markenidentität bestehen, und dass das Verhalten der Mitarbeiter sich danach ausrichtet.

Das Thema Nachhaltigkeit bietet Unternehmen allein aus wirtschaftlicher Sicht zahlreiche Vorteile: Es dient der Differenzierung vom Wettbewerb und stärkt das Markenimage, gegenüber Kunden und gegenüber potenziellen Mitarbeitern, indem es die Attraktivität als Arbeitgeber steigert. Nachhaltige Markenführung hilft, neue Märkte und Kundengruppen zu erschließen sowie bestehende Kunden zu binden. Die Potenziale, die eine ökologisch nachhaltige Ausrichtung der Marke bietet, erkennen auch immer mehr Start-ups.

Die Gründer von ME Energy aus Berlin beispielsweise wollen Elektromobilität
für jeden möglich machen. Dafür entwickeln sie Schnellladesäulen, die überall,
ohne Anschluss an Stromnetz oder Anforderungen an Infrastruktur, aufgestellt
werden können. Sie funktionieren unabhängig vom Autotyp und von Ladenetz-
werken. Dies ist besonders für ländliche Regionen interessant, die bisher wegen
der fehlenden Ladeinfrastruktur noch weitgehend vom Umstieg auf das E-Auto
ausgeschlossen sind.

Ein anderes Beispiel: Mit der Software des Start-ups Manyfolds aus München
(Bayern) wird 3D-Möbeldesign zu einem 2D-Schnittmuster. Es werden hauptsächlich Well- und Wabenpappen verwendet, sodass die Möbel günstig sind,
nur ein Bruchteil an Energie und Material gegenüber konventionellen Möbeln
benötigen und mit hochautomatisierten Verfahren produziert werden können.

Beeanco ist ein Start-up, das von vier jungen ÖsterreicherInnen gegründet
wurde. Dabei handelt es sich um einen Online-Marktplatz, der ausschließlich Produkte von nachhaltigen und umweltbewussten Unternehmen anbietet. Wer sicher
sein möchte, dass seine Seife biologisch, nachhaltig und regional ist, findet hier
die nachhaltige Plattformalternative zu Amazon.

Gerade als Start-up haben Sie die Möglichkeit, Zeichen zu setzen, wenn es
um ökologische Nachhaltigkeit geht. Ihr Engagement in dieser Richtung zahlt auf
Ihre Marke ein. Gleichzeitig tun Sie etwas für unsere Welt von morgen und zeigen
Ihre Wertschätzung für unseren Planeten Abb. 7.1.

7.3   Nachhaltigkeit durch Leadership und Haltung

Innerhalb des Markenmanagements findet sich verstärkt auch das Thema Nachhaltigkeit in Verbindung mit dem Thema „Haltung". Haltung ist ein Wesenszug,
der auch den Führungsstil beeinflussen kann.

Aber was bedeutet eigentlich Haltung?

Markenexperte Esch schreibt sehr richtig: „Haltung ist die innere (Grund-)
Einstellung, die das Denken und Handeln eines Menschen und eines Unternehmens prägt." (Esch 2012/2017).

Die innere Einstellung bezeichnet unser gewohnheitsmäßiges Denken, unsere
Glaubenssätze und Bewertungen sowie unsere persönliche Weltanschauung.

Damit sind wir wieder bei der Markenidentität, bei den Markenwerten (Woran
glauben wir?) und der Markenpersönlichkeit (Wie treten wir auf?), also der
Innensicht eines Unternehmens.

Wenn die Haltung also die innere Einstellung eines Unternehmens wieder-
gibt und die Markenidentität die Innensicht des Unternehmens darstellt, dann ist

die Haltung des Unternehmens maßgeblich für dessen Identität. Jeder Markenwert, den ein Unternehmen für sich entwickelt, basiert auf seiner inneren Haltung. Damit hat diese auch Einfluss auf den Umgang miteinander im Unternehmen.

Die „Ressource" Mensch und der Umgang ihr
In einem Unternehmen sind die Mitarbeiter die natürliche „Ressource", die „angezapft" wird, indem Know-how und Arbeitskraft in das Unternehmen transferiert und dort gewinnbringend eingesetzt werden. Als natürliche „Ressource" ist auch der Mensch endlich, was seine Einsatzmöglichkeit als Mitarbeiter angeht.

Statt mit immer kleineren Teams immer mehr Projekte zu stemmen, bedeutet Nachhaltigkeit für Sie als Unternehmer wieder verstärkt auf die „Ressource" Mensch zu setzen und diese nachhaltig einzusetzen. Dazu braucht es wirkliches Leadership. Denn Leadership bedeutet Wertschätzung der Mitarbeiter und Ihres Know-hows. Und Wertschätzung heißt, ehrliches Interesse an einem Menschen zu zeigen. Das schafft Vertrauen.

Ein Vorgesetzter, der ein echter Leader ist, kennt sein Team, denn er ist ein operativer Teil von diesem. Er weiß genau um die Stärken und die Schwächen jedes einzelnen Teammitglieds. Weil er sich mit seinem Team beschäftigt. Weil er eine Beziehung zu seinem Team aufbaut, zu jedem einzelnen. Eine Beziehung, die über das Berufliche hinausgeht. Denn das bedeutet Wertschätzung, aus der heraus eine Vertrauensbasis innerhalb des Teams entsteht, die den Leader als einen Teil des Ganzen einschließt. Aber es ermöglicht auch, etwaige Einflüsse von außen, die das Team in seiner Zusammenarbeit beeinflussen könnten, frühzeitig zu erkennen.

Ein Leader weiß das Know-how jedes Teammitglieds zu schätzen und richtig einzusetzen. Denn er sieht anderes Know-how nicht als Bedrohung für seine Person oder seine Stellung, sondern als wertvollen Input für das gemeinsame Ziel. Deshalb ist er auch bestrebt, das Know-how des Teams stetig auszubauen, indem er sein Team coacht und fördert. Auch über das eigene Beispiel in konkreten Projekten. Damit jedes Zahnrad ineinandergreift und die Maschine antreibt (Abb. 7.2).

Nun leben wir in einer absoluten Leistungsgesellschaft, in der es zu oft nur noch um Zahlen und das Erreichen von KPIs geht – um jeden Preis. Angesichts der ständig steigenden Anforderungen an Führungskräfte im mittleren und im Senior Management wird die Fähigkeit, Projekte effizient auszuführen, zunehmend als ein wesentlicher Erfolgsfaktor gewertet. Die hohe Effizienz, die es diesen Managern ermöglicht, so produktiv zu sein, geht häufig zulasten des Teamgedankens und der Mitarbeiter. Teamspirit, die Fähigkeit, ein Team zu inspirieren und zu entwickeln sowie Empathie zu zeigen, bleiben bei diesen Managern immer öfter auf der Strecke. Stattdessen kann es passieren, dass Teammitglieder „gechallenged" werden, in der Absicht, noch bessere Ergebnisse zu erzielen. Warum ist das so?

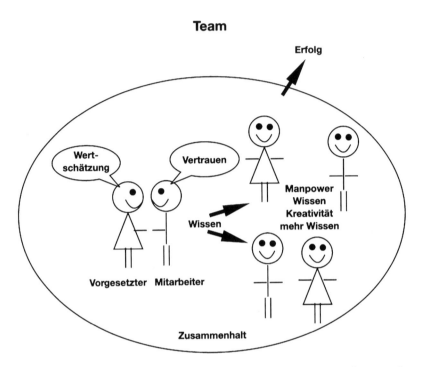

Abb. 7.2 Nachhaltigkeit – Team. (Quelle: Der Kleine Markenleitfaden, https://www.marken
leitfaden.com/single-post/nachhaltigkeit-als-ihr-usp-in-der-markenf%C3%BChrung)

Auf hohe Effizienz ausgelegte Führungskräfte sehen nur eines: ihren Erfolg.
Anstatt voranzugehen, die Richtung vorzugeben, weil sie den Weg zum Ziel kennen
(sollten), treiben sie ihr Team an, setzen dabei auf Autorität, um ihre Vorstellung
voll durchzusetzen. Das einzelne Teammitglied zählt dabei nichts. Im Gegenteil:
Fühlt sich der Vorgesetzte durch ein Teammitglied in seiner Performance beein-
trächtigt, drängt er auf dessen Austausch. Das weckt Angst. Und Angst forciert
Fehler. Genauso, wie Überbelastung es tut.

Laut Harvard Business Review liegt die Ironie darin, dass ein intensiver Fokus
auf Effizienz diese Führungskräfte insgesamt weniger effektiv macht. Stattdessen
leiden das Team und das Klima im Team (Zucker 2019).

Der Grund dafür liegt meistens in einer Fehlplanung, die ausschließlich umsatz-
bezogen ist und das Verhältnis „Manpower zu Projektumfang" außer Acht lässt oder
lassen möchte und damit am Mitarbeiter vorbeiplant. Das kann negative Folgen

haben: für das Unternehmen, vor allem aber für die Mitarbeiter. Die 26 Urlaubstage reichen bei weitem nicht aus, um den Stress, die Mehrarbeit und den Druck auszugleichen. Die Planung muss geändert werden – zugunsten der Mitarbeiter, was jedoch nicht immer selbstverständlich ist.

Das folgende Beispiel soll zeigen, dass auch Planungen bewusst fehlgesteuert werden können.

Beispiel

Ein Mitarbeiter verlässt das Team. Dessen Projekte werden „vorübergehend" auf das Team verteilt. D. h., die Teammitglieder, die vorher bei 100 % Auslastung waren, sind nun bei 100 % + X. Da dieser Zustand nur vorübergehend sein soll, ziehen alle mit, machen Überstunden, hängen sich rein und schaffen es zusammen, die fehlende Arbeitskraft zu kompensieren. Das geht jedoch an die Substanz jedes einzelnen – die einen kommen damit besser zurecht, die anderen erschöpfen eher und übernehmen sich teilweise.

Der erste Fehler: Es wird kein Interim-Manager oder ein freier Mitarbeiter eingesetzt, um die Arbeitskraft zu kompensieren. Jedes Unternehmen sollte ein Netzwerk haben, auf das es zurückgreifen kann. Und genug Zeit, jemanden passendes zu finden, sollte auch vorhanden sein, denn niemand kündigt von jetzt auf gleich (Ausnahme: fristlos). Es sei denn, es soll überhaupt kein Interim-Ersatz gefunden werden …

Der zweite und weitreichendere Fehler: Nicht wenige Vorgesetzte nutzen diese Situation, um die fehlende Arbeitskraft dauerhaft durch das Team ersetzten zu lassen. Denn vordergründig bedeutet eine höhere Produktivität bei weniger Arbeitskräften ein besseres Ergebnis. Ein Trugschluss, besonders auf lange Sicht!

Unternehmen sind heute so zahlenfixiert und KPI-getrieben, dass sie die sog. „weichen" Faktoren völlig übersehen. Diese weichen Faktoren sind es aber, die letztendlich entscheiden, ob ein Unternehmen langfristig erfolgreich ist.

Eine langfristig erfolgreiche und vor allem nachhaltige Strategie basiert hauptsächlich auf weichen Faktoren. Dazu zählen motivierte Mitarbeiter, die Fähigkeit sich anzupassen, Wissensaustausch und -transfer, die richtigen Informationen zur Verfügung zu stellen und die Informationstechnologie effizient zu nutzen.

Wesentlich für den Erfolg ist dabei eine offene Unternehmenskultur, die den Mitarbeiter in den Mittelpunkt stellt und gegenseitiges Vertrauen schafft. Denn Vertrauen ist die Grundlage dafür, dass ein Mitarbeiter sich öffnet. Nur dann wird er sein volles Know-how einbringen und auch weitergeben. Letztlich ist die Belegschaft der einzig nachhaltige Wettbewerbsvorteil, den ein Unternehmen hat – Produkte oder Dienstleistungen sind meistens austauschbar.

Vertrauen sorgt für Zusammenhalt, die Grundlage jedes Teamgedankens. Und im Team ist man definitiv stärker und arbeitet besser als alleine. Denn ein Team ergänzt sich, weil jedes Mitglied im Team seine Persönlichkeit und sein Know-how einbringt. Dadurch entsteht eine Kette aus vielen festen Gliedern, die zusammenhalten, sich unterstützen, ob mit Manpower oder über Wissenstransfer. Wissenstransfer führt dazu, dass Wissen „nachwachsen" kann, indem es an jüngere Teammitglieder weitergegeben wird, die es mit eigenem Know-how kombinieren bzw. das neu gewonnene Wissen auf ihre Weise einsetzen. Es entstehen neue Ideen, Konzepte, Strategien. Und das führt ein Unternehmen zum Erfolg. Und zwar nachhaltig.

Leadership als Bergtour
Dieser Vergleich mag aufgrund meiner eigenen Leidenschaft zum Bergsteigen zustande kommen und damit zusammenhängen, dass ich schon so einige Bergpartner zum Gipfel geführt habe. Ich finde aber, das Bergsteigen lässt sich gut auf das Thema ‚Leadership' übertragen:

Als Leader sollten Sie Ihre Aufgabe als Bergtour verstehen, bei der Sie als Bergführer agieren (vgl. Abb. 7.3).

Um das gesteckte Ziel erreichen zu können, braucht es eine umfassende Vorbereitung: Die Ausrüstung muss festgelegt, die Gruppe (Ihr Team) auf die Tour vorbereitet, die geeignete Route erarbeitet werden. Es geht nicht immer nur bergauf! Zwischenabstiege gehören genauso dazu, wie das Umsteigen von Gefahrenstellen

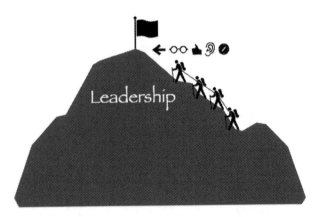

Abb. 7.3 Leadership. (Quelle: Der Kleine Markenleitfaden, https://www.markenleitfaden. com/single-post/what-leadership-means)

sowie das Einschätzen und Eingehen von Risiken. Ohne die Gruppe in unnötige Gefahr zu bringen und einen Absturz zu riskieren.

Sie, als Bergführer, gehen stets voran, an Ihnen richtet sich Ihre Klettergruppe aus und kann Ihrem Beispiel folgen, wie Sie steigen, wie Sie Griffe im Fels nutzen, wie Sie die anderen sichern. Sie geben die Richtung vor, weil Sie den Weg zum Ziel kennen. Aber auch das Team kennt den Weg, denn alle folgen einem genauen Plan, der gemeinsam erarbeitet wurde. Das sorgt für Zusammenhalt und für ein „Wir"-Gefühl, jeder steht für jeden ein, kümmert sich um den anderen. Fehler werden durch das Team korrigiert. Und am Gipfelkreuz kann jeder auf seine eigene Leistung stolz sein.

Motivation fördert Produktivität

Wertschätzung und gemeinsamer Erfolg können Berge versetzen. Das gilt in guten Zeiten genauso, wie in schlechten. Covid 19 bedeutet für viele Bereiche und Branchen kaum noch tragbare Einschränkungen, die oftmals bis an den Rand der Existenz gehen und teilweise leider darüber hinaus. Ein Team, das in guten Zeiten zusammensteht, weil es sich vertraut und auf den „Wir"-Faktor setzt, hält auch in schlechten Zeiten eher zusammen. Sie als Leader können auf dieses Gebilde positiv einwirken. Es geht um Motivation, statt um Kontrolle.

Unternehmen, die ihre Mitarbeiter zum Beispiel immer noch nach Anwesenheit statt nach Produktivität bewerten, weil sie glauben, dass sie deren Produktivität so besser kontrollieren können, erhalten auf lange Sicht die Quittung für ihre ewigen Gedanken und Handlungen von gestern.

Statt Ihre Mitarbeiter zu kontrollieren, geht es darum, sie zu motivieren! Wenn ein Mitarbeiter in sechs statt acht Stunden die gleiche Leistung wie ein anderer erbringt, sollte er nach Hause gehen können und sich entspannen, anstatt zusätzliche Arbeit übernehmen zu müssen, wie dies so oft der Fall ist. Denn damit zeigt der Vorgesetzte ihm, dass er seine Leistung anerkennt.

Das motiviert den Mitarbeiter. Die Motivation kann weiter gesteigert werden, indem der Vorgesetzte die Arbeitsweise des Mitarbeiters im Team als gutes Beispiel herausstellt. Damit drückt er seine Wertschätzung für den Mitarbeiter aus und spornt die anderen Teammitglieder an, es ihm gleich zu tun. Nicht mit erhobenem Zeigefinger, sondern indem er erläutert, warum der Kollege aus seiner Sicht so erfolgreich und schnell arbeitet und wie das Team auch dorthin kommen kann.

Der Vorgesetzte nutzt die Motivation seines Teams, um die Performance sukzessive zu steigern und zwar aus dem Team heraus. So bringt er das Team dem gemeinsamen Ziel näher. Und jeder im Team hat ein gutes Gefühl.

Zufriedene Mitarbeiter identifizieren sich mit ihrem Unternehmen, mit der Marke, ihrer Identität voll und ganz. Sie sind zufrieden, lieben das, was sie tun und wo sie es tun. Das ist das beste Argument – auch für neue Mitarbeiter. Weil sie ihre Zufriedenheit, weil sie ihr Bekenntnis, weil sie ihre Liebe zum Unternehmen und zur Marke offen nach außen tragen. Ungeschönt, dafür authentisch.

Auf diese Weise schaffen Sie eine nachhaltige Markenführung nach innen und können auf Basis von Haltung und Wertschätzung auch langfristig auf Ihre Belegschaft setzen. Sie hilft dabei, Mitarbeiter zu binden und ihr Know-how im Unternehmen zu halten. Gleichzeitig macht sie das Unternehmen attraktiv für neue Wissensträger.

Markenführung in der Krise

8

Corona hat die Welt in ihren Grundfesten erschüttert, wie es bisher nur wenige globale Krisen getan haben – egal, ob Unternehmen, Marken oder Konsumenten. Die Pandemie verändert die Art und Weise, wie Unternehmen arbeiten, wie Marken agieren, wie sich Konsumenten verhalten. Wie Sie der Krise als Marke am besten begegnen und was Sie beachten sollten, darum geht es in diesem Kapitel.

Erfolgreich trotz Krise

In der Krise zeigt sich, was kompetente Markenführung ist. Und wie sie dazu beitragen können, Marken sicher durch die Krise zu steuern. Ein „Weiter so!" kann es nicht geben. Ein Zurück zum „Alten" nach der Krise wird es nicht geben!

Stattdessen geht es in der Krise darum zu wissen, wann es sinnvoll ist, eine Pause einzulegen und sich in der Markenführung auf das zu konzentrieren, was wesentlich, was relevant für die Konsumenten ist. Außerdem wirft es grundlegende strategische Fragen in Sachen Markenführung auf:

- Wie begegnen wir den veränderten Rahmenbedingungen?
- Wie sollten wir auf das veränderte Konsumentenverhalten reagieren?
- Müssen wir unsere Markenpositionierung diversifizieren?
- Sollten wir unser Marketing jetzt gerade forcieren?
- Was sind geeignete Kanäle und Touchpoints?

Ein Schlüssel zum Erfolg in der Krise ist die Klarheit in allem, was die Marke tut. Denn nur, wenn die Konsumenten verstehen, dass das Handeln der Marke an allen Touchpoints stimmig ist, behalten sie das Vertrauen in diese. Dazu kann auch gehören, dass bestimmte Touchpoints gemieden und neue etabliert werden: Ein Teil unserer Gastronomen im Ort hatte zwischenzeitlich zum Beispiel komplett auf

© Der/die Autor(en), exklusiv lizenziert durch Springer Fachmedien Wiesbaden GmbH, ein Teil von Springer Nature 2021
T. Czerwinski, *Markenentwicklung und Markenführung für Gründer*, essentials, https://doi.org/10.1007/978-3-658-35505-0_8

„Service to go" umgestellt und unser ortseigenes Fitnessstudio bot Online-Kurse an.

Was lässt sich daraus für die strategische Markenführung in Krisenzeiten ableiten? Nachfolgend finden Sie vier Tipps.

Tipp 1: Seien Sie ehrlich und authentisch

Verstellen Sie sich nicht! Gerade jetzt in der Krise gilt eines mehr denn je: Konsumenten bewerten eine Marke danach, ob sie ehrlich kommuniziert oder nicht. Unehrlichkeit oder Unklarheit führen dazu, dass die Kommunikation vom Konsumenten als reine Marketingtaktik abgewertet wird. Das wirkt sich auf das Markenimage aus, also darauf, wie die Marke von außen, von der Zielgruppe gesehen wird.

Nur Marken, die ehrlich kommunizieren, können authentisch sein. Und genau das erwarten die Konsumenten: klare, ehrliche Ansagen anstatt Sprechblasen. Wenn Konsumenten Angst haben, dann darf man das auch ansprechen. Hamsterkäufe haben ihren Ursprung in der Angst – deshalb muss dieser Zusammenhang offen angesprochen werden und Verständnis für diese Ängste gezeigt werden, ehe die Argumente präsentiert werden, warum die Sorge grundlos ist.

Es geht um Echtheit, Empathie und Ernsthaftigkeit. Es geht um den Anspruch an persönliche Relevanz für die Kunden in Bezug auf Content, Botschaft und User Experience. Es geht um Glaubwürdigkeit und Vertrauen. Um eine klare Haltung in Bezug auf die Sache und die Rückbesinnung auf menschliche Werte.

Ganz wichtig dabei ist der Brandfit: Die Aussagen müssen aus der Marke kommen, zu ihren Markenwerten passen. Die Menschen haben durch Corona ein noch feineres Gespür dafür entwickelt, ob eine Nachricht nur aufgesetzt ist.

Authentisch kommunizieren heißt auch, offen anzusprechen, was man weiß, und was man nicht weiß. In Zeiten der Nachrichtenüberfrachtung durch die modernen Medien und die sozialen Netzwerke mit viel Fake News sind starke Marken Vertrauensanker, und sie können es sich leisten, ehrlich zu sagen, wenn Entwicklungen noch unsicher sind. Denn bei der Informationsbeschaffung vertrauen wir Institutionen. Bei Unternehmen in unserem täglichen Leben sind die großen oder wertstarken Marken diese Institutionen. Sie strahlen Vertrauen aus.

Tipp 2: Binden Sie Ihre Kunden ein

Was soll das eigentlich genau heißen, „die Kunden einbinden"? Es geht um nichts anderes, als um den stetigen Kontakt der Marken mit ihren Zielgruppen. Zum einen, um über den Dialog zu erfahren, was diese umtreibt und was sie gerade jetzt von einer Marke erwarten. Zum anderen, um über die Kommunikation den Zusammenhalt zu fördern und den Solidaritätsgedanken untereinander aufzubauen. Es kann aber auch bei der Führung der eigenen Marke helfen. Indem man den Kunden und seinen

Bedarf in den Mittelpunkt stellt, und das Feedback aus der Community bewusst nutzt.

Solidarität

Zwei sehr starke Beispiele für den Solidaritätsgedanken kommen von Burger King France und Gustavo Gusto Tiefkühlpizza. Bei Burger King ist es der Aufruf dazu, die direkten Wettbewerber, allen voran Mc Donald's zu unterstützen und damit verbunden das dort beschäftige Personal. Auch bei Gustavo Gusto geht es um den Solidaritätsgedanken mit der heimischen Gastronomie, der umso wichtiger in Zeiten des aktuellen Lockdowns ist. Wenn die Wirte schon nicht aufsperren dürfen, dann sollen sie wenigstens das To-go-Geschäft machen können. Deshalb sollen die Konsumenten weniger Tiefkühlpizza kaufen. Darauf wird direkt auf den Pizzakartons hingewiesen.

Das Ohr am Kunden

Ganz klar im Vorteil sind in der Krise die Marken, die bereits eine eigene Customer Community aufgebaut haben. Sei es über die sozialen Medien oder, was noch viel besser ist, als Online-Treffpunkt auf der eigenen Website. Neben dem wechselseitigen Austausch von Meinungen, Erfahrungen und Informationen kann hier wertvoller Input für das Marketing gewonnen werden. Genauso, wie für die Entwicklung von Produkten oder Dienstleistungen: User-getriebene Innovationen durch gezielte Einbindung der User in Produkttests bis zu Produktentwicklungen.

Und auch die Ängste der Kunden können hier zur Sprache kommen und diskutiert werden. Die Marken haben die Möglichkeit, gezielt Stellung zu beziehen und Ängste zu nehmen. Wichtig: Den Kunden ernst nehmen! Bei falschen Fakten diese korrigieren und den Dialog aufrechterhalten.

Marken, die über keine Customer Community oder sonstiges Social-Media-Engagement verfügen und ihr Ohr nicht selbst am Kunden haben, können auf „Leih-Ohren" zurückgreifen: durch Micro-Influencer. Diese sind gut vernetzt und haben in den verschiedenen Zielgruppen eine Experten- und Vertrauensposition aufgebaut. Über sie hört man am schnellsten, was von der Marke erwartet wird, und wie das, was die Marke tut, bei den Kunden ankommt. Wichtig dabei: Richtiges Filtern und Auswerten der Daten und Zusammenführen zu einem geeigneten Maßnahmenkonzept.

Denn letztendlich geht es auch während einer Krise um das Erlebnis des Kunden mit einer Marke. Und das hängt maßgeblich davon ab, wie sich die Marke verhält.

Abb. 8.1 Krise – Strategische Anpassung. (Quelle: Der Kleine Markenleitfaden, https://www.markenleitfaden.com/single-post/4-tipps-für-eine-erfolgreiche-markenführung-in-der-krise-2)

Tipp 3: Passen Sie Ihr Angebot an

Ich meine damit: Analysieren Sie die gegebene Situation, ziehen Sie Ihre Schlüsse, treffen Sie eine Entscheidung und entwickeln Sie Alternativen, Modifikationen oder sogar ein neues (Teil-)Angebot (vgl. Abb. 8.1).

Schauen Sie sich Ihre Markenpositionierung an. Funktioniert die noch so, wie Sie sie formuliert haben oder braucht es eine Anpassung? Wenn nötig, passen Sie Ihre Positionierung an, diversifizieren Sie sie und schaffen sich damit eine verbesserte Ausgangsbasis für die Zeit nach Corona.

Digitalisierung schafft Flexibilität

Insbesondere im Bereich der Digitalisierung erleben wir seit Corona einen wahren Schub. Der Lockdown und die daraus resultierenden Kontaktbeschränkungen im Frühjahr 2020 haben zu einem Umdenken und einer Digitalisierungswelle in den Unternehmen beigetragen. Mit dem Ergebnis, dass verstärkt auf Homeoffice-Konzepte gesetzt wird und flexible Arbeitsmodelle möglich werden.

Und die Unternehmen sehen, dass Homeoffice nicht nur funktioniert, sondern sogar eine teilweise deutliche Effizienzsteigerung wird sichtbar. Es ist also damit zu rechnen, dass die „Krisen-Modelle" ihre Berechtigung auch nach der Krise haben werden. Denn eines sollte uns allen klar sein: So, wie es vor Corona war, wird es nicht mehr werden!

Modifikation des Angebots

Gastronomen beispielsweise agieren in Zeiten der Corona-Lockdowns sehr unterschiedlich. Die einen machen gar nichts, igeln sich ein, geben sich ihrem Schicksal hin und versuchen die Kosten auf ein Minimum zu drücken. Die anderen machen das, was naheliegt: einen Abhol-/Lieferservice für einen Teil ihrer Gerichte. Und die dritte Gruppe passt ihr Geschäftsmodell an oder erfindet sich neu. Zumindest halb. Oder sie etabliert eine bekannte Leistung leicht abgewandelt neu.

Am Chiemsee gibt ein beispielsweise ein Gasthaus, das für seine überragenden Cocktails bekannt ist. Während des Lockdowns im Frühjahr 2020 stellte sich die Frage: Was tun? Wie der Großteil der anderen einen Abholservice für Essen anbieten? Die Wirtin hat damals ganz auf die Karte „Cocktails to go" gesetzt. Mit Erfolg! Das neue Angebot kam so gut bei den Kunden an, dass es auch nach dem Lockdown weiterhin bestehen bleibt.

Oder unser Fitnessstudio vor Ort. Von einem Tag auf den anderen konnten die Leute nicht mehr zum Training kommen. Für die Inhaber bedeutete das Umsatzeinbußen. Für die Leute die fehlende Trainingsroutine. Also bot das Studio täglich Online-Fitness mit unterschiedlichen Programmen an. Das mag nicht revolutionär gewesen sein, aber es half den Kunden, denn sie hatten die Möglichkeit, zu Hause zu trainieren.

Zwischenfazit

Ein Pauschalrezept für den Umgang mit der aktuellen Krise gibt es nicht. Dennoch müssen in den Unternehmen jetzt die Weichen gestellt werden, um auch in Zukunft die Wettbewerbsfähigkeit abzusichern. Dafür ist es für Sie teilweise notwendig, auch einige Maßnahmen umzusetzen, die vordergründig unpopulär erscheinen. Es wird nötig sein, bestimmte Risiken einzugehen. Trotzdem sollten Sie versuchen, alle Entscheidungen, die Sie treffen, abzusichern, z. B. durch Marktanalysen oder Feedback aus der Zielgruppe.

Wichtig ist bei allem, was Sie in dieser Zeit tun, dass Sie sich Gedanken über die Bedürfnisse und die Situation Ihrer Zielgruppe machen. Das ist umso wichtiger, weil Krisen uns allen viel abverlangen.

Tipp 4: Stellen Sie Ihre Mitarbeiter in den Mittelpunkt

Markenexperte Professor Karsten Kilian sagt richtigerweise: „Kluge Marken stellen ihre Mitarbeiter in den Mittelpunkt. Bei den anderen sind sie nur ein Mittel. Punkt." (Kilian 2015) Dem gibt es nichts hinzuzufügen.

Einer der größten Fehler, den Sie bei der Markenführung machen können, ist, die Mitarbeiter nicht richtig einzubinden, sie im Dunkeln zu lassen, sie vor vollendete Tatsachen zu stellen. Es gibt nicht immer nur gute Tage. Doch gerade an den schlechten Tagen zeigt sich, wie fest der Zusammenhalt innerhalb eines Unternehmens ist, wie stark sich die Mitarbeiter mit einer Marke identifizieren und was sie aus dieser Identifikation heraus bereit sind, für die Marke zu tun. Beispielsweise in einer Krise.

Ihre Mitarbeiter und deren Wissen gehören zu den wichtigsten Faktoren für Ihr Unternehmen und sollten auch so behandelt werden. Denn das schafft Identifikation, erhöht das Commitment und verbessert die Leistungen. Ziel der internen Markenführung sollte es also sein, eine Identifikation der Mitarbeiter mit „ihrer" Marke zu erreichen und die Markendentität im Mitarbeiterverhalten zu verankern.

Mitarbeiterorientierung

Schaut man sich heute Corporate Websites an, dann liest man nahezu überall, wie wichtig der Teamgedanke sei und jeder einzelne Mitarbeiter im Team. Der Mitarbeiter steht überall im Mittelpunkt. Eine Krise wie die Corona-Krise ist der ideale Zeitpunkt für diese Unternehmen zu zeigen, dass die nach außen kommunizierte Mitarbeiterorientierung auch tatsächlich nach innen gelebt wird. Abb. 8.2 zeigt Ihnen, was Mitarbeiterorientierung beinhaltet und welche Vorteile sich daraus ergeben.

Bei allen Aktivitäten des Unternehmens muss deutlich werden: Alle im Unternehmen ziehen an einem Strang. Die Führungskräfte gehen mit gutem Beispiel voran. Das „Warum tun wir das?" ist jedem Mitarbeiter klar. Und jeder Mitarbeiter erhält die Unterstützung vom Unternehmen, die er benötigt, um seine bestmögliche Leistung zu bringen – für den gemeinsamen Erfolg.

Kümmern

Klug geführte Marken sehen eine Krise als Chance. Deshalb lassen sie es auch nicht zu, dass eine Krisenstimmung bei den Mitarbeitern aufkommt. Vielmehr verstärken sie das Gemeinschaftsgefühl und den Zusammenhalt und schauen nach vorne. Auch oder erst recht aus dem Homeoffice heraus. Dann finden regelmäßige Townhall Meetings eben online statt, in denen Erfolge gemeinsam gefeiert und Neuigkeiten zeitnah kommuniziert werden. Gleichzeitig hilft es den Mitarbeitern im „Zwangs"-Homeoffice, dass ihnen die Decke nicht auf den Kopf fällt.

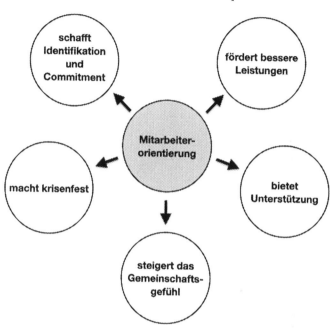

Abb. 8.2 Krise – Mitarbeiterorientierung. (Quelle: Der Kleine Markenleitfaden, https://www.markenleitfaden.com/single-post/4-tipps-für-eine-erfolgreiche-markenführung-in-der-krise-3)

Eine Krise wie Corona, bringt für jeden Mitarbeiter unterschiedliche Herausforderungen. Die Arbeit im Homeoffice, getrennt vom Team, getrennt von den Kollegen, ist das eine. Hinzu kommen Versorgungsengpässe: sei es Homeschooling, sei es eine komplette Quarantäne. Auch hier ist das Unternehmen unterstützend gefragt. Auch hier bietet es sich an, die Mitarbeiterorientierung ins richtige Leben zu übertragen. Sie in Richtung und für die Mitarbeiter zu leben.

Auch die Konsumenten erwarten übrigens, dass sich die Unternehmen in der Krise um ihr Personal kümmern. Geschieht das glaubwürdig, sind sie bereit, an anderer Stelle Einschränkungen zu akzeptieren, zum Beispiel beim Service.

Fazit

Eine Krise kann auch eine Chance sein. Natürlich müssen Sie sich auf die neue Situation einstellen, natürlich gibt es Einschnitte. Doch eine Krise gibt Ihnen auch die Möglichkeit, sich und Ihr Unternehmenskonzept zu hinterfragen und sich die Frage zu beantworten, warum die Krise Sie vielleicht so stark getroffen hat und was Sie ändern können, um einer nächsten Krise anders zu begegnen. Vielleicht gehen Sie aus der Krise auch besonders gestärkt heraus, weil gerade Ihr Konzept greift.

Was einer alleine nicht kann ... 9

… können Zwei gemeinsam besser!

Als Gründer und Geschäftsführer sind Sie selbstverständlich verantwortlich für die Markenbildung und die Entwicklung der Markenidentität, denn es ist Ihre Vision und es sind Ihre Werte, die dort hineinfließen und aus denen dann Ihre Markenpositionierung entsteht. Dennoch kann es von Vorteil sein, in dieser Phase einen Markenexperten dazu zu holen. Zum einen kann er die einzelnen Entwicklungsschritte moderieren, zum anderen bringt er die Sicht von außen mit ein, die Sicht Ihrer Zielgruppe, und kann reflektieren, welche Botschaft dort ankommt.

Auch die Konzeption und Entwicklung Ihres Logos und einer professionellen Website sind Aufgaben für Experten. Wenn Sie selbst kein Grafik- bzw. Web-Designer sind, sollten Sie sich die entsprechende Verstärkung ins Team holen, als sinnvolle Ergänzung zu Ihrem eigenen Können.

Wie bereits in Kap. 4 unter ‚Markenkommunikation‘ erwähnt, ist Markenmanagement Chefsache. Dazu gehört auch die Kommunikation für Ihre Marke. Das ist kein Nebenjob! Weder Sie als Chef noch ein dafür verantwortlicher Mitarbeiter können das so nebenher erledigen. Die verantwortliche Person muss sich voll dieser Aufgabe widmen. Kann die Person das nicht, benötigen Sie Verstärkung für diese Aufgabe.

Die passende Verstärkung für Ihr Start-up kann direkt in Ihrem Team erfolgen oder über ein externes Team. Dabei ist es ganz egal, ob es sich bei dem externen Team um einen Freelancer handelt oder um eine Agentur.

Interne Unterstützung hat mehrere Vorteile:

T. Czerwinski, *Markenentwicklung und Markenführung für Gründer*, essentials, https://doi.org/10.1007/978-3-658-35505-0_9

- Ihr Unterstützer ist zu 100 % für Ihr Unternehmen und die gestellte Aufgabe da.
- Er ist Teil des Ganzen und hat ein ureigenes Interesse daran, dass das Unternehmen erfolgreich ist. Denn das wirkt sich auch positiv auf ihn selbst aus.
- Zudem können Sie Ihren Mitarbeiter in die Entwicklung der Marke mit einbeziehen und diese zusammen konzipieren und entwickeln. Das erzeugt gleich von Anfang an ein gemeinsames Verständnis für die Marke und eine Identifikation mit ihr.
- Gemeinsam leben Sie die Marke von innen nach außen, agieren als Brand Ambassadors und können die Entwicklung der Marke aktiv beeinflussen. Das ist sehr viel wert, gerade in der Startphase eines Unternehmens.

Ein externes Team hat den Vorteil, dass sie darüber die sogenannte Sicht von außen erhalten, die im Zweifel objektiver ist, wenn es um bestimmte Diskussionspunkte geht. Arbeiten Sie mit einer Agentur zusammen, können sie dort mehrere Spezialisten zu unterschiedlichen Themen zusammenziehen.

Es gibt unterschiedliche Empfehlungsplattformen, auf denen Sie externe Unterstützer finden können – Agenturen und Freelancer –, wenn es um Web/Internet, Mobile/Apps, PR/Social Media, Video/Film, Design oder Branding/Marke geht.

Selbstverständlich ist Unterstützung gerade in der Startphase verbunden mit zusätzlichem finanziellen Aufwand. Deshalb sollten Sie zwischen interner und externer Verstärkung abwägen.

Mein persönlicher Tipp: Holen Sie sich auf jeden Fall professionelle Unterstützung von außen, wenn es um die Konzeption Ihres Logos und die Umsetzung Ihrer Website geht. Die Markenbildung sollten Sie selbst – zusammen mit Ihrem internen Team – übernehmen, denn nur Sie können Ihrer Marke eine authentische Identität geben und diese dann auch nach innen leben und von dort nach außen.

Was Sie aus diesem *essential* mitnehmen können

- Nach der Lektüre wissen Sie, warum es für den langfristigen Erfolg Ihres startups wichtig ist, dass Sie es als Marke etablieren.
- Sie haben erfahren, wie Sie Ihre Marke bilden und später führen – auch als B2B Marke.
- Sie wissen, warum es essentiell ist, Ihre Marke zunächst konsequent nach innen zu installieren und zu leben, damit sie nach außen authentisch vermittelt und von Ihrer Zielgruppe wahrgenommen werden kann.
- Sie kennen die Bedeutung von Purpose und Nachhaltigkeit für Ihre Markenführung.
- Sie können dazu auf konkrete Beispiele anderer Marken zurückgreifen.
- Zudem haben Sie eine ganze Reihe von Tipps aus der Praxis erhalten.
- Und Sie wissen, wie Sie Ihre Marke in der Krise am besten führen.

T. Czerwinski, *Markenentwicklung und Markenführung für Gründer,* essentials, https://doi.org/10.1007/978-3-658-35505-0

Fazit

Eine Marke ist, was Menschen über ein Unternehmen, ein Produkt, einen Service denken und empfinden. Es geht um das Erlebnis mit der Marke und die emotionale Bindung zur Marke, die sich daraus entwickeln können. Das gilt für die externe Zielgruppe, die Kunden. Es gilt aber genauso und vielleicht sogar noch mehr für die interne Zielgruppe, die Mitarbeiter.

Eine Marke entsteht aus einer Vision und hat ihren Ursprung in ihrer Identität. Sie beinhaltet Werte, die eine bestimmte Haltung wiederspiegeln. Die Marke folgt einem klaren Konzept, aus dem, in Verbindung mit der Markenidentität, die Markenpositionierung abgeleitet wird.

Die Markenpositionierung klammert das Können eines Unternehmens und das einzigartige Versprechen, durch das sich die Marke vom Wettbewerb differenziert.

Der gesamte Markenprozess von der Markenbildung bis zur Markenführung und die damit zusammenhängende Entwicklung der Marke folgen klaren Prozessen, die dazu dienen, das gewollte Markenerlebnis für die Zielgruppe zu ermöglichen.

Das Erlebnis mit einer Marke hängt davon ab, ob die Marke so gelebt wird, wie sie es ihrer Zielgruppe suggeriert. Das wiederum hängt von den Menschen ab, die für die Marke verantwortlich sind – die Mitarbeiter. Denn erfolgreiche Marken entstehen konsequent von innen nach außen.

Solange Menschen für Unternehmen verantwortlich sind, wird der nachhaltige Umgang mit der „Ressource" Mensch, also den Mitarbeitern, ein USP im Markenmanagement sein. Diesen USP für die eigene Marke zu vereinnahmen, sollte das Ziel jedes Unternehmens sein. Wertschätzung, Haltung und wirkliches Leadership sind dafür unabdingbar.

Neben der ökonomischen und der sozialen Nachhaltigkeit nimmt die ökologische Nachhaltigkeit eine immer wichtigere Rolle ein, um sich als Marke zu differenzieren und einen eigenen USP herauszuarbeiten. Das gilt gerade für Start-ups, die in diesem Bereich Zeichen setzen können.

T. Czerwinski, *Markenentwicklung und Markenführung für Gründer,* essentials, https://doi.org/10.1007/978-3-658-35505-0

Die sukzessive Digitalisierung verändert die Marktgegebenheiten und auch das Verhalten der Kunden. Sie emanzipieren sich zunehmend, sind viel informierter und wollen auch so behandelt werden. Das gilt B2C wie B2B gleichermaßen. Wobei für beide unterschiedliche Grundparameter gelten, die im Markenmanagement zu beachten sind.

Die Zukunft und der Erfolg einer Marke werden sich beim Kundenservice und der Kundenbindung entscheiden. Die Technologie kann und sollte dazu unterstützend eingesetzt werden. Durch den Einsatz von KI kann man vor allem Standard-Services verbessern und gleichzeitig die Kundenzufriedenheit erhöhen. Dennoch bleibt die volle Kontrolle beim Menschen, der entscheidet, ob und wann er übernimmt. Letztendlich hängt das Markenerlebnis des Kunden vom Mitarbeiter und seinem Einsatz(willen) ab.

Und im Team sind Sie stärker. Auch wenn Sie Ihr Unternehmen allein gründen, sollten Sie nicht alles allein machen (wollen), sondern Verstärkung an Bord holen, die bestimmte Aufgaben übernimmt. Außerdem lässt sich Erfolg gemeinsam viel intensiver genießen, als allein.

Quellen

Buch

Dru J-M (2007) How disruption brought order. Palgrave Macmillan, New York
Demuth A (1994) Erfolgsfaktor Image. Econ, Berlin
Esch F-R (2017) Strategie und Technik der Markenführung. Vahlen, München (Erstveröffentlichung 2012)
Esch F-R (2005) Moderne Markenführung. Springer Gabler, Wiesbaden
Esch F-R (2021) Purpose & vision. Campus, Frankfurt
Held D, Schreier C (2012) Was Marken erfolgreich macht. Haufe, Freiburg
Rufener R (1958), Platon Meisterdialoge. Phaidon, Symposien, Phaidros. Artemis, Zürich
Wichert C (2005) Die Logik der Marke. Springer Gabler, Wiesbaden

Zeitschrift

Duncker C (2006) Markenmanagement. Markenartikel Magazin, 6:26, 28–29
Duncker C, Röseler U (2001) Markenführung und Marketing – alles eins? Absatzwirtschaft, 11:34–36
Esch F-R, Lieberknecht J (2014) So geht Branding heute. Absatzwirtschaft, 4:42–45

Online-Artikel

Brandtner M Brandtner on Branding: 7 Schlüssel zur Markenpositionierung. Markenlexikon, https://www.markenlexikon.com/d_texte/brandtner_on_branding.pdf. Zugegriffen: Nov. 2020
cuecon Markenberatung (2013) Marke wird im B2B verstanden, aber nicht geführt. https://www.absatzwirtschaft.de/marke-wird-im-b2b-verstanden-aber-nicht-gefuehrt-14740/. Zugegriffen: Jan. 2021

Fleig J (2012) Marke machen im B2B-Bereich. Business-Wissen https://www.business-wis sen.de/artikel/markenmanagement-marke-im-b2b-bereich/. Zugegriffen: Jan. 2021

Germelmann CC (2020) Fünf goldene Regeln für die kompetente Markenführung in der Corona-Krise. Universität Bayreuth. https://www.campus-akademie.uni-bayreuth.de/ de/akademie/Presse/News/2020/Fuenf-goldene-Regeln-fuer-die-kompetente-Markenfue hrung-in-der-Corona-Krise/index.html. Zugegriffen: Juli–Dez. 2020

Hellhake K (2020) Woher kommt eigentlich das Nike-logo? Stylebook. https://www.styleb ook.de/fashion/das-steckt-hinter-nike-logo. Zugegriffen: 2020

Hilker C (2020). Zehn Tipps zur Marketing Strategie in Krisenzeiten. Hilker Consulting. https://www.hilker-consulting.de/online-business/zehn-tipps-zur-marketing-strategie-in-krisenzeiten. Zugegriffen: Juli–Dez. 2020

Keupp H (1997) Identität. Lexikon der Psychologie. https://www.spektrum.de/lexikon/psy chologie/identitaet/6968. Zugegriffen: Febr. 2021

Kilian K, Marke. Markenlexikon. https://www.markenlexikon.com/marke.html. Zugegriffen: Nov.–Dez. 2020

Lenz A (2015) Markenmodell. Dietrich Identity. https://www.dietrichid.com/branding/identi taetsbasiertemarkenfuehrung_markenwerte/. Zugegriffen: Juli–Dez. 2020

Nink M (2016) Engagement index Deutschland 2015. Gallup Studie (2015). https://www.meh rwerte.ch/blog/20170104-praesentation-zum-gallup-engagement-index-2015.pdf. Zuge-griffen: Okt. 2020

Pufè I (2014) Was ist Nachhaltigkeit? Dimensionen und Chancen. Bundeszentrale für politische Bildung. https://www.bpb.de/apuz/188663/was-ist-nachhaltigkeit-dimens ionen-und-chancen. Zugegriffen: März 2021

Strachowitz M (2020) ‚Haltung‘. https://strachowitz.com/content/219/163/e3-grundprinzip/ die-innere-einstellung. Zugegriffen: Juli–Dez. 2020

Vatter C (2012) Marken sind Ideen, die sich festsetzen. Gründerszene. https://www.businessi nsider.de/gruenderszene/allgemein/markenbildung/. Zugegriffen: Juli–Dez. 2020

Werner S (2020) VDE. https://www.vde.com/tic-de/branchen/elektroprodukte-und-nachhalti gkeit. Zugegriffen: Juli–Dez. 2020

Zucker R (2019) Why highly efficient leaders fail. Harvard Business Review. https://hbr.org/ 2019/02/why-highly-efficient-leaders-fail. Zugegriffen: Juli–Dez. 2020

Websites/Unternehmen als Quelle

AGD (Allianz deutscher Designer). Vergütungstarifvertrag. https://agd.de/auftraggeber/agd/ vtv-design. Zugegriffen: Juli–Dez. 2020

Beeanco (2020) Nachhaltigkeit. www.beeanco.com. Zugegriffen: Juli–Dez. 2020

BMW, Freude am Fahren. www.bmw.de. Zugegriffen: Juli–Dez. 2020

Brand Trust (2018) Startups: Nicht Marketing, sondern Markenführung bringt Erfolg. https://www.brand-trust.de/de/artikel/2018/startups-markenfuehrung-bringt-erfolg.php. Zugegriffen: Febr. 2021

Der Kleine Markenleitfaden (2020) www.markenleitfaden.com. Zugegriffen: Juli–Dez. 2020

Leadership. https://www.markenleitfaden.com/single-post/what-leadership-means

Purpose. https://www.markenleitfaden.com/single-post/zweck-nutzen-sinn-ziel-purpose

Ökologisch nachhaltiges Markenmanagement. https://www.markenleitfaden.com/single-post/%C3%B6kologisch-nachhaltiges-markenmanagement
Markenwerte. https://www.markenleitfaden.com/single-post/welchen-wert-haben-die-mar kenwerte-eigentlich
Markenkommunikation. https://www.markenleitfaden.com/single-post/2015/11/19/mar kenf%C3%BChrung-markenkommunikation
Auswirkungen der Digitalisierung. https://www.markenleitfaden.com/single-post/auswirkun gen-der-digitaliserung-f%C3%BCr-die-markenf%C3%BChrung,
Wertschätzung. https://www.markenleitfaden.com/single-post/was-wertsch%C3%A4tzung-mit-haltung-zu-tun-hat
Nachhaltigkeit. https://www.markenleitfaden.com/single-post/nachhaltigkeit-als-ihr-usp-in-der-markenf%C3%BChrung
Markenidentität ist sinnlos. https://www.markenleitfaden.com/single-post/markenidentit%C3%A4t
Employer Branding. https://www.markenleitfaden.com/single-post/2015/11/14/employer-branding-oder-markenf%C3%BChrung-nach-innen
Markenname und Logo. https://www.markenleitfaden.com/single-post/2015/11/23/marken name-und-logo-ihr-gesicht-in-der-menge
Der Weg zur Marke. https://www.markenleitfaden.com/single-post/2015/11/19/der-weg-zur-marke
Missverständnis Marke. https://www.markenleitfaden.com/single-post/2020/11/07/missve rst-c3-a4ndnis-marke
Die richtige Position. https://www.markenleitfaden.com/single-post/die-richtige-position-f%C3%BCr-ihre-marke
Tipps für die Krise, Strategische Anpassung. https://www.markenleitfaden.com/single-post/4-tipps-für-eine-erfolgreiche-markenführung-in-der-krise-2
Tipps für die Krise, Mitarbeiterorientierung. https://www.markenleitfaden.com/single-post/4-tipps-für-eine-erfolgreiche-markenführung-in-der-krise-3
Tipps für die PR-Arbeit. https://www.markenleitfaden.com/single-post/tipps-für-die-pr-arb eit-von-start-ups
DPMA Deutsches Marken- und Patentamt. www.dpma.de
Duden, Nachhaltigkeit. https://www.duden.de/rechtschreibung/Nachhaltigkeit. Zugegriffen: Juli–Dez. 2020
e-bot7. www.e-bot7.com. Zugegriffen: Juli–Dez. 2020
Gabler Wirtschaftslexikon, Markenidentität. https://wirtschaftslexikon.gabler.de/definition/markenidentitaet-40451. Zugegriffen: Juli–Dez. 2020
Gabler Wirtschaftslexikon Identitätsbasierte Markenführung. https://wirtschaftslexikon.gab ler.de/definition/identitaetsbasiertes-markenmanagement-33424. Zugegriffen: Juli–Dez. 2020
Manyfolds (2020) Nachhaltigkeit. www.manyfolds.de. Zugegriffen: Juli–Dez. 2020
ME Energy (2020) Nachhaltigkeit. meenergy.earth. Zugegriffen: Juli–Dez. 2020
meinstartup.de (2021) Markenbildung für Startups und junge Unternehmen. https://www.mei nstartup.com/markenbildung-startups-junge-unternehmen/. Zugegriffen: Febr. 2021
mymuesli (2015) Markenpositionierung. www.mymuesli.com. abgestimmt: Juli–Dez. 2020
N26 Direktbank (2020) www.n26.com. Zugegriffen: Juli–Dez. 2020
NumiTea (2020) Nachhaltigkeit. www.numitea.com. Zugegriffen: Juli–Dez. 2020

Plant X, Nachhaltigkeit. www.plantx.com. Zugegriffen: Juli–Dez. 2020

Say No To The Hunger Virus Initiative, Uganda. Zugegriffen: März 2021

Statista (2021) Ranking der 25 wertvollsten Marken nach ihrem Markenwert im Jahr 2020. https://de.statista.com/statistik/daten/studie/6003/umfrage/die-wertvollsten-marken-weltweit/: Zugegriffen: März 2021

Statista (2021) Marktanteile der führenden Hersteller am Absatz von Smartphones weltweit vom 4. Quartal 2009 bis zum 4. Quartal 2020. https://all4phones.de/handy-diskussio nsforum/34416-smartphone-marktanteile-welcher-hersteller-hat-2019-die-meisten.html. Zugegriffen: März 2021

Qualitrain (2020) Employer branding. https://qualitrain.net/blog/fehler-employer-branding/. Zugegriffen: Juli–Dez. 2020

Voycer, Customer Community/Customer Experience www.voycer.com/https://voycer.com/produkt/. Zugegriffen: Dez. 2020

Printed in the United States
by Baker & Taylor Publisher Services